16 06 09

Unternehmen Selbständigkeit

Lieber Dr. Veenbauer!

Dieses Buch trägt Leidenschaft, Energie + Begeisterung in sich.
Vielen herzlichen Dank für Ihre wertvolle Unterstützung, dass ich diese zum Ausdruck bringen kann.

Ihr Andreas Dewald

Andreas Piewald

Unternehmen Selbständigkeit

Ihr Aufbruch zu Freiheit, Stärke und Erfolg

Molden

ISBN 978-3-85485-242-1

in der Verlagsgruppe Styria GmbH & Co KG
Wien · Graz · Klagenfurt
www.molden.at

Buchgestaltung: Bruno Wegscheider
Lektorat und Herstellung: Marion Mauthe

Inhalt

Vorwort

Österreichs Wirtschaftskultur unterliegt einem massiven Wandel. Ein neuer Typus von Unternehmen hat in den letzten Jahren die Bühne betreten und ist seither auf beeindruckendem Wachstumskurs. Die Rede ist vom sogenannten „EPU“, vom „Ein-Personen-Unternehmen“. Mehr als 205.000 EPU – das ist die Hälfte der marktorientierten Unternehmen Österreichs – prägen bereits Österreichs Wirtschaftslandschaft. Hinter vielen EPU stehen spannende Erfolgsgeschichten, innovative Netzwerke und Unternehmerinnen und Unternehmer, die mit voller Begeisterung bei der Sache sind.

Dabei wird die öffentliche Diskussion über Ein-Personen-Unternehmen ihrer enormen Dynamik nicht gerecht. Im Gegenteil: Sie werden vielfach diskreditiert. Von „Scheingründungen“ ist da die Rede. Von Menschen, die in die Selbständigkeit „gedrängt“ werden. Oder gar von „prekären“ Lebens- und Arbeitssituationen. Als ob EPU nichts anderes wären als soziale Problemfälle. Ich halte diese Betrachtungsweise für grundfalsch. Die Selbständigkeit ist nicht das Problem, sondern die Lösung. Nicht nur für die Erfordernisse einer flexiblen Wirtschaft, sondern vor allem für die Erfordernisse der individuellen Lebens- und Berufsgestaltung in modernen Gesellschaften eröffnen EPU neue Perspektiven und Chancen. Und die sollte man erkennen – und selbstbewusst nützen.

Deshalb habe ich das vorliegende Buch geschrieben. Es versteht sich als Ratgeber für Ein-Personen-Unternehmen und vor allem für jene, die ein solches Unternehmen gründen wollen, beziehungsweise für alle, die als Selbständige voll durchstarten wollen. Das vorliegende Buch ist kein technischer Gründungs-, sondern vielmehr ein *Mindset*-Ratgeber. Ich möchte damit die Stationen und Herausforderungen für ein EPU beschreiben, reflektieren und besser bewältigbar machen. Denn die Selbständigkeit fängt im Kopf an – und nicht auf der Bezirkshauptmannschaft oder am Magistrat. Ich möchte mit diesem Buch die große Bedeutung der EPU für unsere Wirtschaft aufzeigen und das unternehmerische Selbstbewusstsein von EPU auf den Punkt bringen. Und ich möchte mit diesem Buch darstellen, dass ein EPU ein echtes Unternehmen und daher auch als solches zu führen ist. Ein Ein-Personen-Unternehmer ist jener Unternehmer, der nicht am wenigsten, sondern am meisten führen muss.

Das unternehmerische Selbstbewusstsein der EPU ist der Schlüssel dazu, dass EPU als Player unserer Wirtschaft fair anerkannt werden – nicht bloß von Gesellschaft und Politik, sondern vor allem von Kunden in Form von großen Unternehmen. Auch sie profitieren von der Zusammenarbeit mit flexiblen, professionellen und unternehmerisch agierenden EPU. Darin liegt eine große Chance für Ein-Personen-Unternehmer.

Hinter diesem Buch stehen nicht nur umfangreiche empirische Befunde, sondern auch viele persönliche Erfahrungen. Ich selbst bin als EPU im Bereich des Management-Trainings tätig

und mit zahlreichen anderen EPU erfolgreich vernetzt. Mir ist es in kurzer Zeit gelungen, mein Unternehmen bei großen und bekannten Unternehmen zu etablieren.
Ich führe mein Unternehmen seit nunmehr 14 Jahren und berate unter anderem Top-Führungskräfte und Persönlichkeiten des öffentlichen Lebens. Ich sehe mein Unternehmen als flexibles Netzwerk; ein Unternehmen mit persönlicher und ganzheiltlicher Ausrichtung auf den Kunden. Ich sehe mich nicht nur als Berater. Ich sehe mich als Unternehmer, der Kunden auf hoher Ebene berät, und bin zutiefst davon überzeugt, dass kleine EPU entscheidende Mehrwerte für große Unternehmen liefern können – wenn man das eigene EPU richtig „versteht" und führt. Dafür soll Ihnen das vorliegende Buch sehr konkrete und praktische Hinweise liefern.
In diesem Sinn: Machen Sie sich auf den Weg zu Ihrem *Unternehmen Selbständigkeit*, das Ihnen persönlich und beruflich vollkommen neue Perspektiven eröffnen wird. Dahinter eröffnet sich etwas Befreiendes für Sie selbst. Mehr davon gleich auf der nächsten Seite. Schreiben Sie die Erfolgsgeschichte Ihres eigenen Unternehmens. Es ist eine Reise, die sich lohnt.

Andreas Piewald (April 2009)

Vorbemerkung

Selbständigkeit ist mein Unternehmen Freiheit

Selbständig zu sein bedeutet nicht nur, ein Unternehmen zu gründen, sondern seine Tätigkeit auch mit Inhalten zu füllen, worauf ich im Folgenden näher eingehen werde. Da ich davon überzeugt bin, dass im Ein-Personen-Unternehmen ein hohes Maß an beruflicher Entfaltungsmöglichkeit und freier Entscheidung steckt, spreche ich hier vom *Unternehmen Freiheit*. Denn es geht um ein Unternehmertum, das untrennbar mit der Persönlichkeit des Unternehmers verbunden ist. Es ist die einzige Unternehmensform, die von Persönlichkeit lebt, durch Persönlichkeit aufgeladen und damit identifiziert ist. Auf der anderen Seite ist das *Unternehmen Freiheit* so gestaltet, dass es zahlreiche Partner, Lieferanten und Kunden hat, die in einem engen Verband agieren. Man ist also nicht nur „eine Person", sondern ein freies Unternehmen mit Persönlichkeit und flexiblen Strukturen.

Lassen Sie mich persönlich werden:

- Mein *Unternehmen Freiheit* macht es möglich, dass ich mich nicht mit überbordenden Strukturen und Abläufen herumschlagen muss. Ich beschäftige mich direkt und unmittelbar mit meinen Kunden. Das ist ein wichtiges, ein gutes Gefühl. Nahe am Kunden, an der Herausforderung, am eigentlichen unternehmerischen Denken und Handeln. Ich habe die Freiheit, mich direkt und unmittelbar mit meinen Kunden und deren Anliegen zu beschäftigen – und sie auch zu lösen. So erlebe ich unternehmerische Freiheit.

- Mein *Unternehmen Freiheit* ist kein theoretisches Projekt – auch und gerade dann nicht, wenn es um Zukunftsfragen geht. Innovationen entwickle ich schnell und direkt mit meinen Kunden. Ich lerne unmittelbar von Kunden – und umgekehrt. Ich muss nicht in standardisierten und vorgegebenen Produkten, Lösungsansätzen und Patentrezepten denken und handeln. Ich habe die Freiheit, gemeinsam mit meinen Kunden täglich Neues zu entdecken und schöpferisch zu entwickeln. Das ist für mich gelebte unternehmerische Freiheit.
- Mein *Unternehmen Freiheit* vermittelt mir tagtäglich ganz konkrete und direkte Rückmeldungen über meine Arbeit. Ich weiß, woran ich bin. Ich erhalte direktes, unmittelbares Feedback von meinen Kunden. Ohne Filter. Ohne Verzerrungen. Ohne Unklarheiten. Ich spüre, was ich mache. Das schafft mir auch eine ganz andere Motivationsbasis. Ich weiß, wo ich als Persönlichkeit gut bin und was meine Kunden an mir schätzen. Wo ich als Person Andreas Piewald Nutzen stiften kann. Ich weiß, was ich als Unternehmer kann – aber auch was ich lassen soll, ja sogar muss.
- Mein *Unternehmen Freiheit* ermöglicht es mir, echter Motor zu sein. Ich bin nicht der Getriebene, ich gebe Impulse und treibe Entwicklungen voran. Ich genieße diesen Spielraum, um

Dinge zu verbessern und zu verändern. Stets neue Herausforderungen meiner Kunden, gesteigerter Anspruch an meine Unternehmerpersönlichkeit lassen mich als Persönlichkeit weiter wachsen. Ich fühle mich nicht selbständig in dem Sinn, dass ich nur selbst ständig arbeite. Sondern ich bin frei, Gestalter meines Tempos zu sein.

- Mein *Unternehmen Freiheit* ermöglich es mir, ein Leben jenseits einer traditionellen *9-to-5*-Woche zu führen. Es ermöglicht mir, am Vormittag mit einem Freund in ein Café zu gehen, wenn ich dazu Lust habe. Es ermöglicht mir, im Winter die Schipiste für ein paar Stunden mit dem Schreibtisch zu vertauschen. Selbst über Zeit und Ort meiner Arbeit zu verfügen. Arbeit und freie Zeit fließen positiv ineinander. Es ermöglicht mir ein Ausmaß an Selbstbestimmung und persönlicher Freiheit, die mit keiner anderen Form der Berufstätigkeit vergleichbar ist.
- Mein *Unternehmen Freiheit* ermöglicht es mir, entspannt erfolgreich zu sein. Ich mache beruflich das, was mir Spaß macht. Es gibt keinen Rechtfertigungsdruck für das, was ich tue oder nicht tue. Meine Motivation für Leistung sind nicht negative Sanktionen, sondern innerer Antrieb. Ich bin in hohem Ausmaß *intrinsisch* motiviert. Die Tätigkeit an sich macht mir Spaß – und daher erlebe ich Arbeit nicht immer als Arbeit. Ich arbeite an meinem Hobby, aus dem ich Kraft und Energie schöpfe. Das ist spannend – und entspannend. Es gibt nichts Entspannenderes als selbst erarbeiteter und unmittelbar erlebter Erfolg.
- Mein *Unternehmen Freiheit* ermöglicht es mir, Chef in eigener Sache zu sein. Natürlich kann ich nicht alles selbst bestim-

men. Aber ich kann die Dinge in die Richtung steuern, in die ich möchte, wie sie meiner Persönlichkeit entsprechen. Dieses Gefühl der weitgehenden Autonomie ist – auch, wenn man es nicht immer nützt und bis an die Grenzen geht – in jeder Hinsicht bereichernd. Für den eigenen Beruf, für das eigene Leben. Ich fühle mich frei – und ich lebe und arbeite daher besser. Freilich arbeite ich viel, aber ich entscheide darüber, wie viel es wirklich ist. Ich arbeite nicht an meinem Beruf, ich arbeite an meiner Berufung. Das ist einfach großartig.

- Mein *Unternehmen Freiheit* ermöglicht mir unendlichen Spaß an der Verwirklichung meiner Persönlichkeit. Ich habe die Wahl, mit wem ich zusammenarbeite – und es macht mir Spaß, *Guide*, persönlicher Partner und persönlicher Berater meiner Kunden zu sein. Ich habe Freude an jedem Projekt und ich sehe viele meiner Kunden als echte Freunde. Es gibt mir täglich das Gefühl des Wertes, den ich für meine Kunden bewirken kann. Ich sehe das Ergebnis meiner Arbeit und ich kann erkennen, was ich als Persönlichkeit mit meinem Team bewegen kann. Es liefert mir den Selbstwert, für den es wert ist, auch mehr als 40 Stunden in der Woche tätig zu sein. Weil mir jede Stunde mit meinen Kunden Freude bereitet und mich fordert. Es vermittelt mir, nicht mehr zu arbeiten, sondern meine Persönlichkeit zu verwirklichen.
- Mein *Unternehmen Freiheit* ermöglicht es mir, rund um meine Persönlichkeit und aus dieser ein Unternehmen zu formen. Ein Unternehmen, das mir Freiheit schenkt, mich Verantwortung erleben lässt, und in dem ich meine Stärken, meine Passion und meine Begeisterung in vollen Zügen verwirkliche.

Möchten Sie auch die Selbständigkeit als *Unternehmen Freiheit* erleben? Wollen Sie wissen, wie die Reise dorthin aussehen könnte? Was Sie damit für sich erreichen können? Welche Schwellenhüter am Wegrand warten und wie Sie diese überwinden?
Dann brechen wir gemeinsam auf: Zur Reise zum *Unternehmen Freiheit*. Zum Unternehmen, das aus Ihrer Persönlichkeit erwächst.*

** Ich habe auf die geschlechtsneutrale Schreibweise verzichtet, um den Lesefluss zu erhalten. Angesprochen sind selbstverständlich sowohl weibliche als auch männliche Ein-Personen-Unternehmer.*

1 Wann es reicht

Über den richtigen Zeitpunkt für den Aufbruch in die Selbständigkeit

Der „sichere Job“: Alle wollen ihn, viele haben ihn. Gerade in wirtschaftlich schwierigen Zeiten ist er heißbegehrt. Sicher bedeutet: ein Angestelltenverhältnis, regelmäßiges – und gutes – Einkommen, ein Berufsleben, auf das Verlass ist. Keine Frage: Ein Angestelltenverhältnis hat viele Vorteile, die sich positiv auf Berufszufriedenheit und Lebensqualität auswirken. Es hat aber auch Nachteile, gravierende sogar, die vor allem jene spüren, die mehr als nur einen Job wollen.

Das Grenzen-Problem

„Ich kann mich zwar irgendwie selbst verwirklichen. Aber eigentlich habe ich im Beruf zu wenig Lebensqualität, weil ich oft an Grenzen und Vorgaben stoße. Ich kann dann das nicht umsetzen, was ich eigentlich umsetzen will“, berichtet Astrid P., die derzeit noch in einem großen Versicherungsunternehmen tätig ist. Sie ist kein Einzelfall. Viele Angestellte, aber auch Personen in Führungspositionen wollen einfach mehr Gestaltungsmöglichbkeiten in ihrem Beruf. Unternehmen mit einer

ausgeprägten *Intrapreneurship*-Kultur – wo Mitarbeiter als interne Unternehmer gelten und entsprechende Gestaltungsspielräume haben – mögen zwar die Management-Literatur prägen, nicht aber die erlebte Wirklichkeit.
Viele Angestellte leiden darunter, dass ihr Engagement im und für das Unternehmen an Grenzen stößt. Grenzen, die für sie nicht nachvollziehbar sind. Grenzen, die verhindern, dass sie ihr Potenzial wirklich entfesseln. Und das frustriert auf Dauer. Denn es senkt die Produktivität, fördert eine Dienst-nach-Vorschrift-Haltung, womit auch die individuelle Lebensqualität reduziert wird.
Kennen Sie das auch?

Das Hierarchie-Problem

Ein weiteres Problem ist für viele Angestellte die formelle Hierarchie in Unternehmen. „Es werden von oben Aufträge verteilt, die man so eigentlich nicht umsetzen würde. Je höher die Leute oben sind, desto weniger operatives Wissen haben sie. Wer umsetzt, ist einfach näher am Thema dran. Aber das zählt nicht“, meint Norbert M. aus einem großen Automobilkonzern, der ebenfalls die Selbständigkeit im Visier hat. Auch hier zeigt sich: Die Rede von den „flachen Hierarchien“, die angeblich immer mehr Unternehmen prägen, hat mit der Unternehmenswirklichkeit nicht viel zu tun.
Hierarchische Strukturen bestimmen die Abläufe und Prozesse in vielen Unternehmen. Viele Angestellte können in hierarchischen Strukturen und Entscheidungen aber keine funktionale

Sinnhaftigkeit erkennen. Statusdenken und Emotionen prägen nach ihren Erfahrungen die tatsächliche Entscheidungskultur. „Mit Hierarchien sind viel zu viele unnötige Emotionen verbunden", bilanziert Susanne W., Führungskraft der zweiten Ebene eines großen Konzerns. Kein Wunder, dass man keinen Sinn mehr darin sieht, innerhalb von hierarchischen Regelwerken und Strukturen besonderes berufliches Engagement an den Tag zu legen. Wozu auch? Es wird dann doch nach anderen Kriterien entschieden als nach jenen, die man aufgrund seiner eigenen Umsetzungserfahrung für sinnvoll hält.
Machen Sie diese Erfahrungen auch öfter?

Das Führungskräfte-Problem

Eng mit dem Hierarchie-Problem verbunden ist das Führungskräfte-Problem. „Es gibt viele schlechte Führungskräfte. Sie können nicht vermitteln, was eigentlich das Ziel ist, wohin die Reise gehen soll und warum die Reise überhaupt wichtig ist. Dadurch kann man sein Gestaltungspotenzial auch nicht nützen", berichtet Nadja T., die ebenfalls in einem großen internationalen Konzern tätig ist und dort auch sehr gut verdient. Wenn Angestellte mit Führungskräften zu tun haben, die für ihre Aufgabe nicht geeignet sind – sei es mangels persönlicher oder Führungs-Kompetenzen –, dann behindert das die eigene berufliche Entfaltung massiv. Insbesondere in Unternehmen mit Chefs, die lediglich als Experten auftreten oder sich als den obersten Organisator sehen, klagen Mitarbeiter darüber, dass die Führungskraft nicht voraus geht, sondern im Weg steht.

Wenn man als Angestellter bereit ist, volle Verantwortung zu übernehmen, sich selbst zu führen und seine Persönlichkeit zu einem Unternehmen zu entfalten, was liegt näher als der Wunsch, selbst zum Chef zu werden? Zum Chef, der die letzte Entscheidungskompetenz hat und die Letztverantwortung für unternehmerische Entscheidungen trägt. „Lieber Chef sein als Chef haben" nennen in einer Studie im Auftrag des Gründer-Service 53,6 Prozent als ihr Hauptmotiv für die Selbständigkeit. Ist Ihnen diese Haltung auch sympathisch?

Das Kultur-Problem

Aber nicht nur formelle Hierarchien und Führungsdefizite prägen den Angestellten-Alltag und sorgen für Frust. Es sind auch – und das in hohem Ausmaß – die informellen Regeln und Praktiken, die in Unternehmen herrschen. Denn zusätzlich und komplementär zur offiziellen Unternehmenskultur gibt es in Unternehmen eine informelle politische Entscheidungs- und Führungskultur. Jene Kultur, die darüber entscheidet, wer wirklich in die nächste Führungsetage aufrückt und wer wirklich Entscheidungen trifft. Jene Verhaltenscodizes, die man beachten muss, um niemandem auf die Zehen zu steigen, der sehr empfindlich reagieren könnte. Jene internen Traditionen und Rituale, die als sinnlos empfunden werden, die sich aber niemand zu hinterfragen traut. „Entweder man spielt mit, oder man hat keine Chancen, im Unternehmen weiterzukommen. Aber es erzeugt nur Frust, wenn ich mich an Regeln anpassen muss, die niemandem etwas bringen, wo es nur um die

Befindlichkeit von einigen wenigen geht", klagt Petra H., die im Marketing eines mittelständischen Familienunternehmens tätig ist. Für sie ist klar: „Je älter ich werde, desto weniger will ich unter solchen Regeln leiden. Das habe ich einfach nicht notwendig."

Wer nicht der Unternehmenspolitik ausgesetzt sein will, wer nicht Karriere in Systemen machen will, wer seine berufliche Laufbahn nicht auf Kompromissen aufbauen will, der wird sich andere Betätigungsfelder suchen müssen als eine klassische Karriere in einem klassischen Unternehmen.

Sehen Sie das auch so?

Das Einkommens-Problem

Natürlich sind es auch handfeste ökonomische Motive, die für Unzufriedenheit im Angestelltenjob sorgen. Ganz abgesehen davon, dass in wirtschaftlichen Krisenzeiten die Löhne eher nicht nach oben zeigen. Aber zu einem befriedigenden Berufsleben gehört auch, dass das Einkommen als fair und angemessen eingeschätzt wird. Und das ist vielfach nicht der Fall. „Ich habe viel Verantwortung, profitiere vom Erfolg meiner Projekte aber nicht viel", bringt Franz B. die Problematik auf den Punkt. Er ist viel im Außendienst tätig, berät und begleitet Kunden und ist es daher gewohnt, unternehmerisch zu denken und zu handeln. Doch seine ganzheitliche Perspektive auf den Kunden und vor allem seine Erfolge beim Verkauf werden nicht angemessen honoriert. „Wenn mir mein Arbeitgeber nur drei Prozent mehr Gehalt pro Jahr bieten kann, dann ist das

langweilig. Ich will mein Gehalt dynamisch gestalten können und nicht immer um peanuts mühsam verhandeln müssen", meint Evelyn B., erfolgreiche Verkaufsberaterin im Außendienst. Die Relation zwischen persönlichem Input und Output stimmt einfach nicht. Es gibt keinen Input-„Hebel", mit dem man den Output verbessern kann.
Wer im Angestellten-Alltag sieht, wie viel er verdienen könnte, wenn er selbst der unternehmerische Akteur wäre, der kommt verständlicherweise rasch ins Grübeln. Wenn das Gehalt nicht mit der eigenen Verantwortung mitwächst, dann läuft offenbar etwas falsch im Unternehmen.
Sehen Sie das auch so?
Da sind Sie nicht allein. Nach einer Studie im Auftrag des Gründer-Service wollten 66,3 Prozent der Gründer durch den Schritt in die Selbständigkeit ihr Einkommen steigern. Je jünger die befragten Gründer, desto stärker das Einkommensmotiv. In der Gruppe der bis zu 25-Jährigen liegt der Anteil bei 78 Prozent, bei den bis zu 45-Jährigen bei 68,2 Prozent und bei den über 55-Jährigen bei 55,1 Prozent.

Das Wertschätzungs-Problem

Mangelnde Wertschätzung umfasst aber nicht nur die wichtige finanzielle Dimension, sondern oft auch die persönliche Komponente. Als Angestellter ist man jeden Tag im Büro, man ist für viele Kollegen und Führungskräfte selbstverständlich. Und so fühlen sich auch viele Menschen behandelt. „Im Unternehmen kann ich eigentlich kaum etwas Zentrales bewegen.

Meine Leistung wird sehr oft nicht konkret und nur unzureichend anerkannt", heißt es dann. Ich kenne diese Erfahrungen aus vielen Gesprächen in meinen Trainings mit Mitarbeitern und Teams. Viele sehnen sich nach Wertschätzung, Orientierung, konkretem Feedback, nach Anerkennung der Leistung. Viele fühlen sich nicht als Subjekt und Akteur des Arbeitsprozesses, sondern als Objekt. Die eigene Leistung wird nicht anerkannt, man hat das Gefühl, wenig bewegen zu können, dem eigenen Leistungspotenzial wird nicht vertraut. Man wird nur korrigiert, aber nicht entwickelt. Und das kann sich sehr negativ auf die individuelle Lebenszufriedenheit auswirken.
Kennen Sie diese Erfahrung?

Das Flexibilitäts-Problem

Eng verbunden mit der Problematik, nicht Subjekt, sondern Objekt des Berufslebens zu sein, ist die Flexibilitätsproblematik. Das fängt mit der Unkultur der Stechuhr an, die nach wie vor in Unternehmen herrscht. Viele Unternehmen sind überzeugt davon, dass eine Kernarbeitszeit bereits die Antwort auf die Flexibilität ist. Und warum das so ist? Weil man immer noch in Zeiten, im Tun und im Überwachen denkt, statt Mitarbeiter auf Ergebnisse und Resultate zu fokussieren. Aber das erfordert ein komplett anderes Verständnis von Führung. Ein modernes. Es geht aber noch viel tiefer. Was bleibt eigentlich nach Abzug der Arbeitszeit im Büro von meinem Leben übrig? Das fragen sich viele Angestellte, die tagein, tagaus die Kohlen

aus dem Feuer holen müssen. Nicht zusätzlich abgegoltene Überstunden inklusive.
Dahinter steckt ein grundlegendes Problem: Alle reden von der Flexibilisierung der Wirtschafts- und Arbeitswelt, aber die Angestellten leiden in Wirklichkeit unter immer mehr Unflexibilität. Sie müssen auf Abruf verfügbar sein, um Probleme zu lösen, ohne dass jemand auf ihre persönlichen oder beruflichen Bedürfnisse Rücksicht nimmt. Es sind die Angestellten, die heute die größten Probleme mit der persönlichen *Work-Life-Balance* haben. Sie leiden darunter, dass sich die *9-to-5*-Arbeitswelt zwar auflöst, maßgebliche gesellschaftliche Institutionen aber noch immer ihrer Logik gehorchen. „Einen Kindergarten zu finden, der bis 20 Uhr offen hat, oder eine kurzfristige Kinderbetreuung aufzutreiben, das ist eigentlich ein Wahnsinn", ärgert sich Katharina S. Als leitende Angestellte mit einem zweijährigen Kind wünscht sie sich selbst für ihren Lebensentwurf mehr Flexibilität. Doch bei ihrem Arbeitgeber ist nichts zu machen. Kein Wunder, dass sie überlegt, wie sie ihren Beruf als Selbständige ausüben kann. Sie ist kein Einzelfall, wie auch die bereits zitierte Gründer-Studie zeigt: 32 Prozent der Gründer meinen, die Vereinbarkeit von Familie und Beruf sei in der Selbständigkeit leichter umsetzbar. Bei Frauen ist dieses Motiv mit 40,6 Prozent stärker ausgeprägt als bei Männern mit 26,8 Prozent.
Wollen Sie auch mehr zeitliche und örtliche Flexibilität für Ihr Leben?

Das Spezialisierungs-Problem

In unserer arbeitsteiligen Wirtschafts- und Arbeitswelt nimmt die Spezialisierung in Unternehmen laufend zu. Das ist in vielen Branchen zu beobachten und fördert die Wettbewerbsfähigkeit von Unternehmen. Für Angestellte hat das mitunter die Konsequenz, dass ihre Mitwirkung an der Entwicklung, Produktion oder am Verkauf von Produkten und Dienstleistungen ein immer schmäleres Segment betrifft. Reinhard R. bilanziert: „In meinem Arbeitsbereich wird alles immer spezieller. Ich würde aber gern den Kunden von Anfang an begleiten, und nicht nur für eine kurze Phase. Ich will den gesamten Geschäftsprozess überblicken und auch steuern können. Das erhöht die Identifikation und auch den Lustfaktor. Hier ist eine Zielgruppe, und der will ich auch etwas anbieten können – so stelle ich mir das eigentlich vor".

Die zunehmende Spezialisierung von Produkten und Dienstleistungen und die abnehmende Identifikation damit sind für Angestellte ein besonderes Problem – und eine Motivationsbremse im Beruf. „Wenn man sich mit seiner Arbeit voll identifiziert, dann ist das in jeder Hinsicht ein Selbstläufer. Das verschafft einem Genugtuung, dann hat das Sinn, was man tut", sagt Marcel F. Er kann sich vorstellen, dass er sich als Selbständiger ganz anders mit seiner Arbeit identifizieren kann denn als Angestellter.

Haben Sie auch die Erfahrung gemacht, dass Sie nicht wissen, was eigentlich Ihr Beitrag zum Ganzen ist? Welchen Teil der Verantwortung Sie tragen?

Die Freiheits-Chance

Kennen Sie alle diese Probleme aus eigener Erfahrung? Haben Sie das Gefühl, als Angestellter viel zu rasch an die Grenzen Ihres Arbeitgebers zu stoßen? Leiden Sie darunter, dass Sie Ihr Potenzial nicht umsetzen können? Ärgern Sie sich über formelle und informelle Hierarchien und deren Nutzlosigkeit? Haben Sie die Erfahrung gemacht, dass Ihr Engagement und Ihre Persönlichkeit nicht ausreichend geschätzt werden? Damit sind Sie nicht allein. Und Sie sollten sich fragen, ob das Angestellten-Dasein wirklich die einzige berufliche Perspektive für Sie ist. Ob Sie nicht in Wirklichkeit für die Selbständigkeit geboren sind. Und ob Sie das *Unternehmen Freiheit* nicht rasch und richtig anpacken sollten. Als Ein-Personen-Unternehmen, kurz EPU.

Ich habe schon vielfach die Erfahrung gemacht, dass der Schritt von – oft führenden – Angestellten in die Selbständigkeit enorme Potenziale freigesetzt hat. Dass sich hinter vielen Angestellten-Karrieren eigentlich nur „gefesselte" Unternehmerinnen und Unternehmer verbergen, die dieses Potenzial aber nicht nützen. Und dass mit dem Akt der „Entfesselung" sensationelle Erfolgsgeschichten beginnen konnten. Auf der wirtschaftlichen wie auf der persönlichen Ebene. Der Schritt von der Unselbständigkeit zum Ein-Personen-Unternehmen ist der Schritt in ein Lebens- und Berufskonzept, in dem vereint ist, was zusammengehört: Motivation, die von innen kommt (*intrinsisch*); Wertschätzung, die spürbar ist; Tätigkeit, die unverwechselbar macht; Kundenorientierung, die befriedigt. Wer das will, sollte sich mit einer beruflichen Zukunft als Ein-

Personen-Unternehmen beschäftigen – und natürlich mit diesem Buch.

Alles in einem

Wer als EPU tätig ist, der integriert das wirtschaftliche, unternehmerische Leben in all seinen spannenden Facetten. Der muss sich nicht nur mit einem kleinen Ausschnitt der Wirklichkeit zufriedengeben, der kann sein unternehmerisches, gestaltendes Denken und Handeln voll ausleben. Der lebt das *Unternehmen Freiheit*. Viele Menschen, die wirtschaftlich und unternehmerisch denken, treten im Regelfall zunächst in ein Unternehmen ein. Weil sie glauben, dass sie dort an der ersten Adresse für die Umsetzung ihrer Talente und Neigungen sind. Doch isolierte Unternehmensfunktionen und Spezialisierung machen ihnen einen Strich durch die Rechnung – und durch ihre eigentliche Motivation für wirtschaftliche Aktivität. Egal, ob man in einem großen Konzern oder in einem mittelständischen Familienunternehmen arbeitet: Eine ganzheitliche wirtschaftliche Perspektive zu leben ist als Angestellter nicht einfach. Denn die Hoffnung, als *Intrapreneur* ein Unternehmen im Unternehmen betreiben zu können, lässt sich leider nur in den seltensten Fällen in die Tat umsetzen. Großorganisationen haben ihre eigene Logik – und da ist für unternehmerisches Engagement von unten kaum Platz.

Exkurs: Intrapreneurship fördern

Führungskräfte in Unternehmen tun vor diesem Hintergrund gut daran, Intrapreneurship im Unternehmen zu fördern. Denn wenn im Betrieb unternehmerisch denkende Menschen keine Handlungsspielräume vorfinden, ist die Gefahr hoch, dass diese das Unternehmen als Entrepreneure verlassen. Für Führungskräfte stellt sich damit die Herausforderung, Strukturen, Organisationsformen und Instrumente zu entwickeln und im Betrieb umzusetzen, die den Unternehmergeist der eigenen Mitarbeiterinnen und Mitarbeiter in die richtigen Bahnen lenken. Unternehmerkraft im Team zu wecken, zu fördern und intern zu kultivieren, ist eine wichtige unternehmensstrategische Herausforderung – und nicht zuletzt angesichts des „war for talents" wettbewerbsentscheidend.
Was das für Führungskräfte konkret heißt?
Führen Sie Menschen. Begeistern Sie sie. Wecken Sie in ihnen die großen Potenziale, die in ihnen schlummern. Vermitteln Sie ein klares Bild für das Gesamte, kommunizieren sie deren Beitrag zum Unternehmenserfolg. Laden Sie in Ihren Delegationsgesprächen mit Ihren Mitarbeitern deren Aufgaben mit Sinn und Bedeutung auf. Sorgen Sie dafür, dass die Mitarbeiter nicht „Steine klopfen", sondern wissen, an welcher Kathedrale sie arbeiten. Beschäftigen Sie sich mit Menschen und entwickeln Sie nicht nur Strukturen, Abläufe und Produkte. Entwickeln Sie Menschen. Nehmen Sie sich Zeit für sie. Darin liegt das zentrale Effizienzpotenzial. Nehmen Sie sich Zeit zum Führen. So halten Sie Ihre „Unternehmer", Ihre Entrepreneure im

Unternehmen, so machen Sie sie zu Intrapreneuren. Die Devise ist klar: It is time to lead!

Was macht das Unternehmen Freiheit so attraktiv?

Ein-Personen-Unternehmen haben trotz aller Unterschiedlichkeiten eine große Gemeinsamkeit: Der Unternehmer hat meist eine klare Vorstellung davon, was er beruflich machen will – eine klare Vorstellung vom *Unternehmen Freiheit*. Mit dem Weg in die Selbständigkeit schafft er sich auch die entsprechenden Rahmenbedingungen dafür. Das Ein-Personen-Unternehmen ist eine selbstbestimmte Plattform zur Verwirklichung beruflicher Ideen. Die entscheidende Motivation ist *intrinsischer* Natur: Es geht um den Spaß und um die Leidenschaft, eigene Stärken auszuleben und zu realisieren. Vielen reicht dafür der Rahmen eines Betriebes, in dem sie angestellt sind. Aber für viele ist dieser Rahmen zu eng, zu unflexibel, zu uninteressant. Sie schaffen sich mit der Gründung eines Ein-Personen-Unternehmens die Basis für echte persönliche und wirtschaftliche Selbstbestimmung.

Attraktiv an der Gründung eines EPU ist, dass der Rahmen des unternehmerischen Handelns klar überschaubar ist. Man braucht keine aufwändigen Produktionsanlagen oder teuren Büros. Man ist in jeder Lebens- und Berufslage sein eigener Chef. Diese Freiheit hat man weder als Angestellter noch als Unternehmer mit Beschäftigten. Diese Freiheit hat man nur als Ein-Personen-Unternehmen.

Entdecken Sie Ihren EPU-Spirit!

Während meiner Beratungstätigkeit für viele große Unternehmen treffe ich immer wieder mit Menschen zusammen, die großes Potenzial als EPU hätten. Sie haben den richtigen *Spirit*. Sie wollen gestalten, verändern, etwas bewegen. Und Sie haben Spaß und Freude daran. Man merkt im beruflichen Kontakt sehr schnell, ob man es mit jemandem zu tun hat, der wirklich etwas gestalten will – und der darunter leidet, dass er es als Angestellter nicht tun kann. Oder ob es nur um die bestmögliche Verwaltung des Bestehenden geht.

Klar ist allerdings: Für den Erfolg als Ein-Personen-Unternehmen brauchen Sie mehr als ausreichenden Leidensdruck als Angestellter. Sie brauchen den richtigen *Spirit*, der erfolgreiche EPU auszeichnet. Sie brauchen unternehmerisches Denken und Handeln. Meine Erfahrung ist: Es gibt in unserer Arbeitswelt viele unentdeckte Unternehmer. Es gibt aber auch viele Unterlasser, für die – und für deren Umwelt – es besser ist, wenn sie das Unternehmersein bleiben lassen.

Finden Sie mit dem nachfolgenden Test heraus, ob Sie ein Unternehmertyp sind und das *Unternehmen Freiheit* für Sie das Richtige ist!

Service

Test:
Sind Sie reif für das Unternehmen Freiheit?

1. *Was motiviert Sie in Ihrem Job am meisten?*
A Gehalt und Feedback von Vorgesetzten
B Freude und Begeisterung an der Tätigkeit

2. *Wie sehr können Sie in Ihrem derzeitigen Job Ihre Stärken ausspielen?*
A gut bis sehr gut
B weniger gut bis schlecht

3. *Wie groß ist ihr Bedürfnis nach einer Tätigkeit, die mehrere Unternehmensfunktionen abdeckt (z.B. Produktentwicklung, Kundenkontakt, Preisgestaltung, Marketing)?*
A weniger groß bis gar nicht
B groß bis sehr groß

4. *Sind Sie bereit, für die Umsetzung Ihrer beruflichen Träume auch Risiken auf sich zu nehmen (z.B. phasenweise schlechteres Einkommen, Mehrarbeit)?*
A Nein
B Ja

5. *Arbeiten Sie gern allein, oder brauchen Sie laufend Austausch mit Bürokollegen?*

A brauche laufend Kollegen um mich

B arbeite gern allein

6. *Würden Sie sich als verantwortungsbewussten Menschen beschreiben – oder delegieren Sie Verantwortung lieber an andere?*

A delegiere Verantwortung lieber an andere

B bin verantwortungsbewusst

7. *Sind Sie dazu bereit, sich mit Ihrem Namen und mit der Integrität Ihrer Person öffentlich für etwas einzusetzen (z.B. Idee, Produkt, Dienstleistung)?*

A Nein

B Ja

8. *Wenn Sie in Ihrem Angestelltenjob über einen Zustand klagen, erleichtert dann das Aussprechen des Problems Ihre Situation, oder geht es Ihnen um die Änderung des Zustands?*

A Aussprechen des Problems ist Erleichterung

B es geht um Änderung des Zustands

9. *Warum haben Sie sich bisher noch nicht selbständig gemacht?*

A Selbständigkeit ist mir zu unsicher

B Know-how reichte noch nicht aus

10. *Haben Sie eine konkrete Vorstellung davon, mit welcher Geschäftsidee Sie sich selbständig machen könnten?*

A Nein, mir fehlt die zündende Idee

B Ja, ich weiß genau, was ich machen würde

Auflösung:

Mehr als 8 „B"-Antworten: Ihr *Mindset* stimmt. Sie haben das Potenzial zum *Ein-Personen-Unternehmen*. Setzen Sie es in den nächsten Jahren auch um.

Weniger als 8 „B"-Antworten: Es hat klare Gründe, warum Sie sich bisher noch nicht selbständig machen konnten. Sie sollten rasch herausfinden, ob es sich dabei um überwindbare Schwellenängste und reale Hürden handelt (lesen Sie mehr darüber im nächsten Kapitel). Falls Ihnen die richtige Idee fehlt, sollten Sie sich mit den Themen Franchise und Betriebsnachfolge beschäftigen.

2 Schwellenhüter überwinden

Welche mentalen und realen Hürden auf dem Weg zum Unternehmen Freiheit zu bewältigen sind

Wollen Sie in das *Unternehmen Freiheit* starten? In eine neue Dimension des Lebens und Erlebens von Beruf und Privatleben? Dann sollten Sie mental bereit sein für eine echte Abenteuerreise . Eine Abenteuerreise, bei der große Herausforderungen auf Sie warten, die aber auch große Chancen und Entdeckungen verspricht. Allerdings: Wer solche „Abenteuer" will, der muss auch wirklich zur Abenteuerreise in Richtung Freiheit aufbrechen. Viele solcher Reisen enden damit, dass sie erst gar nicht anfangen. Schuld daran sind die unterschiedlichen Schwellenhüter – scheinbar unüberwindbare Hindernisse oder Herausforderungen, an denen viele scheitern. Verschaffen Sie sich einen Überblick darüber, was Ihnen den Weg in die Freiheit versperren könnte.

Wer und was im Weg steht

Wir kennen das Motiv der Schwellenhüter vor allem aus den verschiedenen Heldenreisen der Literaturgeschichte. Drachen,

Zauberer, Aufgaben, Wettkämpfe – die Hürden, die den klassischen Helden im Weg stehen, sind vielfältig und unzählig. Bei den Helden der Selbständigkeit sind die Schwellenhüter etwas anderer Natur. Es handelt sich weniger um Sozialversicherung, Finanzamt oder Gewerbebehörde – auch dort lauern manchmal Drachen und unlösbare Aufgaben –, sondern vor allem um innere Hürden. Um Einstellungen, Verhaltensweisen, Gewohnheiten, die wir in uns tragen.

Natürlich begegnen uns diese Schwellenhüter nicht nur in Form eigener Einstellungen, sondern auch in Form anderer Menschen. Die klassischen „Bedenkenträger" hat und kennt jeder in seinem persönlichen Umfeld: Verwandte, Freunde, Arbeitskollegen. Sie alle haben Bedenken auf Abruf parat: *Willst du dir das wirklich antun? Bleib doch bei uns im Büro! Das ist aber alles sehr unsicher. Was? Selbständig machen willst du dich? Gerade jetzt? Ich kenne wen, der ist als Unternehmer voll eingefahren. Und die Familie ist dir ganz egal? Egotrip oder Midlife-Crisis? Du musst dir doch nichts beweisen!* Die Liste der Bedenken, die Ihnen in den Weg zur Selbständigkeit gelegt werden können, ist lang.

Wichtig ist es für Sie, Ihre Einstellung zum *Unternehmen Freiheit* richtig zu differenzieren – und virtuelle Schwellenhüter von realen Problemen unterscheiden zu können. Schwellenhüter sind jedenfalls alles andere als nutzlos: Sie sind eine wichtige Ressource, um unsere Vorhaben einer kritischen Prüfung zu unterziehen. Daher sollte man Schwellenhüter nicht ignorieren, sondern sich aktiv und intensiv mit ihnen auseinandersetzen. Die nachfolgende Übersicht hilft Ihnen dabei.

Schwellenhüter Sicherheitsdenken

Sicherheit ist ein menschliches Grundbedürfnis. Daran führt kein Weg vorbei. Ihr eigenes Sicherheitsbedürfnis sollten Sie immer ernst nehmen. Denn Sicherheit ist eine wichtige Grundlage, um seine Freiheit zu schützen und zu nützen. Auf der anderen Seite gibt es aber ein Sicherheitsdenken, das Sie davon abhält Ihre Freiheit zu realisieren – etwa die wirtschaftliche Freiheit in Form einer EPU-Gründung. „Ich mach meinen Job eigentlich nur mehr wegen der finanziellen Sicherheit", gibt Veronique M. offen zu. Freude und Befriedigung im Job verspürt sie schon lange nicht mehr. Das wirkt sich natürlich auch auf die Lebensqualität aus. Rückenwind hat das allgemeine Sicherheitsdenken natürlich durch die Finanzmarkt- und Wirtschaftskrise erhalten, welche die Arbeitslosenzahlen nach oben schrauben. „Zumindest ist mein Job sicher" – das ist fast schon ein Killerargument gegen die Selbständigkeit geworden.

Auf der anderen Seite sollten Sie sich fragen: Wie sicher ist denn ein Job bei einem Unternehmen in Zeiten wie diesen überhaupt? Schließlich ist man als Angestellter nicht unkündbar. Gerade wenn wirtschaftlich schwierige Zeiten das Bild prägen, trennen sich Unternehmen von vielen Mitarbeitern. Übernahmen und Restrukturierungen sind ebenfalls an der Tagesordnung. Auch sie machen Jobs nicht sicherer – im Gegenteil.

Meine Erfahrung ist, dass ein EPU mit einer guten Streuung von unterschiedlichen Auftraggebern weniger krisenanfällig ist als jede andere Beschäftigung. Fällt einer weg, sind noch die anderen da. Das Risiko, ohne Auftrag und ohne Arbeit dazustehen, ist bei einer entsprechenden Kundenstreuung deutlich geringer als bei einer Festanstellung. Aber: Sie müssen dafür sehr viel tun – und wie das konkret funktioniert, werde ich später noch erörtern.

Ganz offen und unabhängig vom aktuellen wirtschaftlichen Umfeld gefragt: Warum sollte eine Anstellung heute wirklich sicherer sein als eine unternehmerische Tätigkeit? Die Zeiten der angestellten Sicherheiten sind vorbei.

Wie „sicher" ein Job ist, das hängt heute von sehr unterschiedlichen Faktoren ab. Jobsicherheit wird jedenfalls auch in der Arbeitsmarktpolitik immer weniger mit einem bestimmten Unternehmen in Verbindung gebracht, sondern mit der *Employability* des Beschäftigten: Wer qualifikationsmäßig so gut aufgestellt ist, dass er auf dem Arbeitsmarkt attraktiv ist, der muss sich weniger um einen Job sorgen machen. Risikofrei lebt er freilich auch nicht. Da lebt und arbeitet man als EPU oft deutlich sicherer. Deshalb ist es wichtig, den Schwellenhüter Sicherheitsdenken von allen Seiten zu betrachten. Wer einen Arbeitgeber hat, lebt mitunter genauso unsicher wie ein EPU, das nur einen Kunden hat. Mit der Diversifizierung des Kundenstocks sieht die Sache aber ganz anders aus. Analysieren Sie daher genau: Wie sicher sind Sie in Ihrem Job wirklich?

Schwellenhüter Mentalität

Man kann es drehen und wenden, wie man will: Auch unsere Mentalität baut uns den einen oder anderen Schwellenhüter auf dem Weg zum EPU-Erfolg auf. Österreich war jahrzehntelang nicht ein Land der Unternehmer, sondern ein Land der Unterlasser. Man mag das der „gemütlichen" Kultur des Landes zuschreiben. Man kann es auf die langjährige Pflege der irrwitzigen politischen Vorstellung zurückführen, nur der Staat schaffe sichere Arbeitsplätze. Die Vorstellung, ein „schöner Posten" sei halt noch immer ein Posten im öffentlichen Dienst, ist nach wie vor weiter verbreitet, als man denkt.

Unternehmerisches Denken und Handeln ist letztlich eine Kulturfrage, die unsere Gesellschaft prägt. In diesem Bereich hat Österreich sicher Nachholbedarf. Wir sind von der dynamischen *Entrepreneurship*-Kultur des angelsächsischen Raums Lichtjahre entfernt. Dort ist es übrigens auch kein gesellschaftliches Problem, als Unternehmer nicht erfolgreich zu sein. Wer in Österreich als Selbständiger erfolglos ist, wird rasch stigmatisiert. Die zweite Chance gibt es zwar per Gesetz, aber nicht in der Gesellschaft.

Vor diesem Hintergrund ist es wichtig, seine eigenen Positionen zur Selbständigkeit und auch die seiner Umwelt (Verwandte, Freunde) kritisch zu hinterfragen. Woran liegt es, dass Verwandte oder Freunde den potenziellen EPU von der Selbständigkeit abraten? Weil sie selber mit einem „schönen Posten" im Staatswesen aufgewachsen sind? Oder weil sie mit ihren eigenen unternehmerischen Ambitionen gescheitert

sind? Lassen Sie sich von der Mentalität, die Sie in vielerlei Hinsicht geprägt hat, nicht Fesseln anlegen, wenn es um die Verwirklichung Ihrer beruflichen Lebensträume geht.
Ausdruck einer tendenziell unternehmerfeindlichen Mentalität sind auch Positionen von Interessenvertretungen der Arbeitnehmer, die uns immer wieder weismachen wollen, zur Selbständigkeit würden Menschen gezwungen, weil sie keine Anstellung bekämen. Diese Institutionen stehen für eine (politische) Kultur der Absicherung um jeden Preis. Für eine Vollkaskogesellschaft, in der jeder vor allem geschützt ist. Leider auch vor der Umsetzung seiner beruflichen Träume und Ziele. Wie ist das bei Ihnen? Welche mentalen Barrieren behindern Ihr persönliches *Unternehmen Freiheit?*

Schwellenhüter Lebensentwurf

Wer in eine neue berufliche Situation aufbrechen will, der wird natürlich mit dem Schwellenhüter seines bisherigen Lebensentwurfs konfrontiert sein. Wie wird sich mein Leben als Ein-Personen-Unternehmen ändern? Werde ich überhaupt noch Zeit für Lebenspartner, Kinder, Hobbies, Freunde haben? Lebt man als Selbständiger anders denn als Angestellter? Das sind wichtige Fragen und wichtige Bedenken. Ihr Lebensentwurf ist Ihre Angelegenheit. Die Frage ist aber, ob nicht die Selbständigkeit als Ein-Personen-Unternehmen der bessere Weg ist, Ihren Lebensentwurf in die Tat umzusetzen. Das ist eine Frage, die Sie vor dem Hintergrund Ihrer bisherigen beruflichen Erfahrung mit Ihrem Lebenspartner klären sollten.

Viele Beispiele zeigen, dass sich moderne, flexible Biografien mit starren Arbeitsverhältnissen und Anwesenheitszeiten schwer vereinbaren lassen. Die Gründung eines EPU bringt nicht nur mehr Dynamik in Ihre berufliche Situation. Sie kann auch die Verwirklichung Ihres Lebensentwurfs besser unterstützen. Deshalb sollten Sie nicht von vornherein jenen Bedenkenträgern folgen, welche die Selbständigkeit als Problem für Ihre Lebensqualität darstellen. Deshalb ist es auch wichtig, den Lebenspartner in die Diskussion über die Gründung eines EPU aktiv miteinzubeziehen. Möglicherweise hat er oder sie dann mehr von Ihnen als bei Ihrem derzeitigen Angestelltenjob. Und möglicherweise ist Ihre höhere Lebenszufriedenheit durch die Selbständigkeit auch eine Bereicherung für Ihre Beziehung. Wie könnte das *Unternehmen Freiheit* Ihren Lebensentwurf bereichern?

Schwellenhüter persönliche Schwächen

Wer mit Personen spricht, die sich als Angestellte mit dem Thema Selbständigkeit beschäftigen, der hört oft ein Gegenargument in eigener Sache: „Ich bin ja kein Verkäufer-Typ." Haben Sie Ähnliches schon einmal gehört? Das Argument wiegt schwer. Man sollte es nicht gleich vom Tisch wischen. Wer als Unternehmer in eigener Sache aktiv ist, der muss die Beziehung zu Kunden aktiv gestalten, der muss seine Produkte und Dienstleistungen erfolgreich verkaufen. Man wird keinen wirtschaftlichen Erfolg haben, wenn man in seinem Business der Top-Experte ist, sein Know-how aber nicht an den Mann bringen kann. Das heißt aber nicht, dass man als Ein-Personen-Unternehmen das Mega-Verkaufstalent sein muss. Meine Erfahrung ist: Es kommt auf die Leidenschaft an, mit der man hinter seinem Business steht. Je mehr man sich mit seinem Business identifiziert, desto überzeugender ist man in der Kommunikation. Und darauf kommt es letztlich an als Ein-Personen-Unternehmen. (Mehr darüber im nächsten Kapitel).

Auch Personen, die in ihrem Angestellenberuf keine Verkaufsorientierung unter Beweis stellen müssen, können daher gut dazu in der Lage sein, als Ein-Personen-Unternehmen zu überzeugen. Wenn Sie grundsätzlich kein Menschenfeind sind und gerne auf andere Menschen zugehen, dann verfügen Sie über die notwendigen Grundvoraussetzungen für den unternehmerischen Verkaufserfolg.

Außerdem gibt es noch eine Alternative für jene, die sich wirklich nicht in Szene setzen können: Erweitern Sie Ihr Ein-Personen-Unternehmen um einen Kooperationspartner zum Zwei-Personen-Betrieb – um eine Persönlichkeit, die wirklich stark im Verkauf ist.

Neben der mangelnden Verkaufsorientierung sind es eine Reihe weiterer persönlicher „Schwächen“, die einem andere oder man selbst als Schwellenhüter auf dem Weg in die Selbständigkeit aufbauen. Zum Beispiel die eigene Disziplinlosigkeit – die Angst davor, die neugewonnene Freiheit zu allem Möglichen zu nutzen, aber nicht zur ergebnisorientierten Arbeit. Fürchten Sie sich auch davor? Dieser Schwellenhüter übersieht freilich die Qualität der *intrinsischen* Motivation, die einen als Ein-Personen-Unternehmen antreibt. Angestellte, deren Motivation *extrinsischer* Natur ist – nur durch den Chef – können es schwer nachvollziehen, dass man sich im Beruf für etwas mit Begeisterung und Engagment aus eigener Sache einsetzt. Ein anderer charakterlicher Schwellenhüter, der gerne gegen die Selbständigkeit ins Treffen geführt wird, ist die mangelnde Durchsetzungsfähigkeit. Im Geschäftsleben, heißt es, müsse man hart und herzlos sein. Sonst bleibe man auf der Strecke. Meine Erfahrung ist: Auf der Strecke bleiben jene, die ohne Herz und Hirn bei der Sache sind. Ein-Personen-Unternehmen leben nicht von gnadenlosen Geschäftspraktiken, sondern von Kundennähe, Engagement und Persönlichkeit.

Auch hier zeigt sich: Reflektieren Sie gut, was wirklich gegen das *Unternehmen Freiheit* spricht. Über so manche Schwellenhüter kann man sich nach einer intensiven Nachdenkpause ohne Bedenken hinwegschwingen. Und hinterfragen Sie auch die Motive der Bedenkenträger, die Ihnen sagen, dass Sie aus diesen oder jenen Gründen nicht zur Selbständigkeit geeignet sind. Es sind nicht immer die besten. Vielleicht ist man neidisch, weil Sie sich getrauen, als Ein-Personen-Unternehmen durchzustarten. Weil Sie dadurch mehr Freude und Erfüllung im Beruf haben als man selbst. Daher: Lassen Sie sich in eigener Sache kein X für ein U vormachen!

Schwellenhüter mangelnde Unterstützung

„Ich würde mich ja gern selbständig machen, aber ich habe niemanden, der mich dabei unterstützt". Diese Aussage höre ich oft, wenn Angestellte überlegen, sich selbständig zu machen.

Dabei geht es nicht um professionelle Gründer-Beratung, wie sie etwa vom Gründer-Service der Wirtschaftskammern angeboten wird (siehe Anhang). Dabei geht es um einen Sparring-Partner, der Erfahrung im Wirtschaftsleben hat und mit dem sich Gründungsidee, Geschäftsstrategie und konkrete Vorgangsweise im persönlichen Gespräch besprechen lassen. Mit einem Wort: Es geht darum, ob man als angehendes EPU einen Mentor zur Seite hat – oder nicht. Ich halte diese Frage für eine ganz entscheidende. In vielen, für dieses Buch untersuchten EPU-Erfolgsgeschichten, spielen Mentoren eine zentrale Rolle für die Gründung und für deren Erfolg. Ich kann dies auch aus eigener Erfahrung bestätigen. Meine eigene Gründungsentscheidung fiel nach einem Gespräch mit einem Mentor. Es handelt sich dabei um einen Anwalt und persönlichen Freund. Ihm habe ich meine damals aktuelle Berufs- und Lebenssituation geschildert. Ich war zu Beginn des Gesprächs unglaublich unsicher. Aber nach einer knappen Stunde, als ich sein Büro wieder verließ, wusste ich: Jetzt ist die Zeit gekommen, um das eigene *Unternehmen Freiheit* zu gründen. Das war ein wichtiges Momentum meiner persönlichen Entwicklung. Ich erinnere mich auch heute noch oft daran. Mein Mentor war meine persönliche Energiequelle und der Leitstern meiner persönlichen Unternehmerentwicklung. Im wahrsten Sinne des Wortes stand die Ampel auf grün vor seiner Kanzlei – das war wirklich ein zentraler Moment!
Gerade, wenn man sich beruflich allein etablieren will, ist eine zweite Meinung, eine andere Erfahrung von großer Bedeutung. Das Unternehmer-Dasein ist per se ein dialogischer Prozess.

Man muss mit Kunden, Lieferanten, Partnern in einen Dialog treten. Man muss zuhören lernen und die richtigen Entscheidungen treffen können. Und dafür ist ein Mentor die richtige Unterstützung. Er oder sie stellt die richtigen Fragen, liefert konkrete Hinweise und Kontakte und steht Ihrem unternehmerischen Projekt positiv gegenüber. Ihm oder ihr können Sie vertrauen, wenn es darum geht, Ihren Lebensweg Richtung *Unternehmen Freiheit* von vornherein auf dem richtigen Weg, mit dem richtigen Tempo und der richtigen (mentalen) Ausrüstung zu gehen. Deshalb sollte man den Schwellenhüter „fehlender Mentor“ sehr ernst nehmen – und sich darum bemühen, als angehendes Ein-Personen-Unternehmen zu einem Mentor zu kommen (siehe nachfolgende Checklist). Er sollte die notwendige Außensicht auf Sie haben und den individuellen Tunnelblick vermeiden. Wer kommt dafür in Frage?

Nein zu notorischen Bedenkenträgern!

Welche Schwellenhüter auch immer Ihnen bei Ihrer Abenteuerreise zum Ein-Personen-Unternehmen unterkommen, in welcher Person auch immer sie Ihnen entgegentreten: Nützen Sie das kritische Potenzial zur Verbesserung Ihres Entscheidungsprozesses – aber lassen Sie sich nicht von notorischen Bedenkenträgern davon abhalten, Ihren Erfolgsweg zu gehen. Es geht um Ihre Lebensqualität, es geht um Ihre berufliche Zukunft, es geht um Ihr Leben. Es geht darum, die richtige Antwort auf die Flexibilisierung des Lebens zu geben. Das Abenteuer Selbständigkeit beginnt, wenn Sie es wollen.

Service

Stärken und Schwächen auf dem Prüfstand

Machen Sie sich ein Bild von Ihren persönlichen Stärken und Schwächen – und überwinden Sie damit Schwellenhüter auf dem Weg in die Selbständigkeit als *Unternehmen Freiheit*. Beantworten Sie bitte die folgenden Fragen – am besten gleich schriftlich:

- Was sind – rückblickend auf die vergangenen fünf Jahre – Ihre wichtigsten Stärken und Ihre gravierendsten Schwächen?
- Was ist Ihre große Leidenschaft im Berufsleben?
- Gehen Sie aktiv und offen auf andere Menschen zu – oder weichen Sie anderen Menschen gerne aus?
- Gehen Sie unvoreingenommen auf andere zu und mögen Sie das wirklich innerlich? Können Sie stabile Kooperationen eingehen – oder sind Sie für punktuelle Zusammenarbeit?
- Tragen Sie gern Verantwortung – oder haben Sie es lieber, wenn andere die Verantwortung übernehmen?
- Ergreifen Sie gern die Initiative – oder warten Sie, bis jemand anderer startet?
- Treffen Sie gern Entscheidungen selbst – oder lieber gemeinsam mit anderen?

- Probieren Sie gern etwas aus – oder setzen Sie auf bewährte Wege?
- Setzen Sie Entscheidungen entschlossen um – oder kommen Ihnen bei der Umsetzung oft Zweifel?
- Können Sie gut planen und organisieren – oder wird's schnell chaotisch?
- Haben Sie Probleme, wenn mehrere Aufgaben gleichzeitig an Sie herangetragen werden?
- Sind Sie bereit, Ihre Integrität und Ihren Namen für Ihre Leidenschaft auf das Podium zu stellen?
- Vertrauen Sie immer und überall in Ihre Fähigkeiten?
- Wie reagieren Sie auf starke Belastungen?
- Wie reagieren Sie auf neue Situationen – zunächst einmal ablehnend, interessiert oder neutral?

Sehr gut! Jetzt geht es darum, was Ihnen zugeordnet wird. Um Ihr Fremdbild: Lassen Sie dazu drei möglichst unterschiedliche Kollegen oder Bekannte diese Fragen über Sie beantworten. Suchen Sie sich möglichst unterschiedliche Persönlichkeiten für diese Beurteilung aus – das ergibt ein umso schärferes Bild. Vergleichen Sie Selbst- und Fremdbild – und erkennen Sie, wo Ihre persönlichen Stärken und Schwächen liegen.

Was muss mein Mentor können?

Um Ihr Gründungsvorhaben umfassend zu reflektieren und gedanklich durchzuspielen, ist ein Mentor unverzichtbar. Er ist Ihr „Sparring-Partner", mit dem Sie Ihren Start als EPU auf

Chancen und Defizite durchchecken können. Wenn Sie zwei oder drei Mentoren zur Verfügung haben – umso besser. Er sollte beziehungsweise sie sollten folgende Anforderung erfüllen:

- ➛ Ein guter Mentor kennt Sie, aber er ist kein privater Freund und auch kein Arbeitskollege.
- ➛ Ein guter Mentor schätzt Ihr Engagement und Ihr Können.
- ➛ Ein guter Mentor ist ein Ratgeber, aber niemand, der Ihnen einen Weg diktieren will.
- ➛ Ein guter Mentor hat Erfahrung in wirtschaftlichen Fragen, er muss aber selbst kein Unternehmer sein.
- ➛ Bei einem guten Mentor sollten Sie das Gefühl haben, auf eine „Gegenenergie" zu stoßen
- ➛ Ein guter Mentor hat kein abgeleitetes Interesse an Ihrer Entscheidung, sich selbständig zu machen.
- ➛ Ein guter Mentor hat kein wirtschaftliches Interesse an Ihrer Tätigkeit – und Sie haben kein wirtschaftliches Interesse an seiner Tätigkeit.
- ➛ Ein guter Mentor stellt Ihnen Fragen, die Sie weiterbringen.
- ➛ Einen guten Mentor muss man selbst suchen – am besten im weiteren Bekanntenkreis.

Wer könnte Ihr Mentor sein? Wer hört sich Ihre Situation mit Interesse an? Wer vermittelt Ihnen Sicherheit, dass das *Unternehmen Freiheit* für Sie eine Perspektive ist? Wer kann Ihnen sagen, wann der richtige Zeitpunkt für Ihr *Unternehmen Freiheit* ist?

3 Die neue Identität

Wie man als Ein-Personen-Unternehmen mehr aus sich macht

Alle Gründungsformalitäten absolviert? In der Gewerblichen Sozialversicherung angemeldet? Herzliche Gratulation! Aber Unternehmer sind Sie damit noch lange nicht.
Denn das Unternehmer-Sein ist eine Frage der Identität und der Identifikation. Unternehmer sind Sie erst dann, wenn Sie sich als solcher fühlen. Und das ist aus meiner Sicht auch ein ganz entscheidender Erfolgsfaktor. Wer formal ein Ein-Personen-Unternehmen gründet, aber mental ein Angestellter bleibt, der kann auch die persönlichen und ökonomischen Chancen des Unternehmertums nicht nützen. Dem bleibt das *Unternehmen Freiheit* verwehrt.

Identität erweitern

Unternehmer sein heißt, sein Business-Leben aktiv gestalten. Nicht zu warten, bis andere auf einen zukommen und einem Aufträge erteilen. Nicht die bisherige berufliche Tätigkeit als Angestellter 1:1 mit einer anderen Sozialversicherungs-Mitgliedschaft fortführen. Nicht weiter im Schutz der Anonymität, die das Angestellten-Leben leider oft prägt, beruflich tätig sein wollen. Wer ein echtes *Unternehmen Freiheit* sein will, der muss seine Identität um eine neue, unternehmerische erweitern. Das ist eine mentale Herausforderung, die vor allem eines erfordert: umdenken, neu denken, eine neue Haltung in Bezug auf seinen Beruf und seine eigene Persönlichkeit einnehmen.

Raus aus dem Schneckenhaus!

Zu den großen Annehmlichkeiten des Angestellten-Daseins zählt aus Sicht so mancher Angestellter vor allem eins: Man ist nie letztverantwortlich, man steht nie ganz vorne. Immer gibt es jemanden, der vor einem steht und der im Fall des Falls den Kopf hinhalten muss. Außerdem kann man sich immer noch auf Kolleginnen und Kollegen ausreden, wenn etwas nicht so geklappt hat, wie es hätte sollen. Das ist eine Haltung, die aus der Systemlogik heraus absolut verständlich und rational ist. Selbst die ambitioniertesten Angestellten unterliegen dieser Logik. Und die Energie, etwas zu bewegen, verpufft.
Als *Unternehmen Freiheit* gibt es das alles nicht mehr. Sie müssen raus aus dem Schneckenhaus. Vor in die erste Reihe, ohne dass hinter Ihnen noch jemand steht. Als Unternehmer dreht sich alles um Sie. Was Sie gut machen, was Sie schlecht machen – alles wird Ihnen persönlich angerechnet. Und nicht irgendeinem Chef oder einem Mitarbeiter. Das ist das entscheidende Momentum in jeder EPU-Karriere: Stellen Sie sich auch mental aufs Podium! Mit all Ihrem Know-how, mit all Ihrer persönlichen Integrität. Das ist eine große Heraus-

forderung – und ein großartiges Gefühl! Das ist das Unternehmer-Gefühl.
Als Angestellter hatten Sie Ihren Verantwortungsbereich. Klar definiert und abgegrenzt. Nach oben und nach unten. Nach rechts und nach links. Als Ein-Personen-Unternehmen gibt es diese Grenzen nicht mehr. Sie müssen und dürfen in alle Richtungen navigieren. Das ist jetzt Ihre Verantwortung – und Ihre Chance.

Der Charisma-Faktor

Wie wirke ich eigentlich auf andere? Das ist eine Frage, die sich jeder Mensch in unterschiedlichen Lebensphasen stellt. Für Ein-Personen-Unternehmen ist sie zentral. Denn das eigene Charisma, eine überzeugende Ausstrahlung sind ein ganz wesentlicher Erfolgsfaktor und ein wichtiges Fundament der neuen unternehmerischen Identität. Charisma als Unternehmer, das hat man nicht von heute auf morgen. Das muss man aufbauen. Und dafür muss man sich seiner Bedeutung bewusst sein.
Gerade bei Ein-Personen-Unternehmen gilt: Die Kunden kaufen die Produkte und Dienstleistungen von EPU nicht bloß wegen der Qualität oder des Preis-Leistungsverhältnisses – das natürlich auch –, sondern wegen der überzeugenden Person dahinter, wegen des Unternehmers. Menschen kaufen Menschen – nicht Prozesse. Diese Entwicklung ist in vielen Branchen zu beobachten. Gerade in Beratungsberufen ist der unternehmerische Erfolg untrennbar mit dem Charisma des

Ein-Personen-Unternehmers verbunden. Man kauft keine spezifische Beratungsleistung, man „kauft“ den Berater. Um unternehmerisches Charisma zu entwickeln, braucht es eine starke unternehmerische Identität. Sie ist der Kern der eigenen Ausstrahlung. Ohne Identitätskern ist es schwer, Charisma zu vermitteln. Ihr *Unternehmen Freiheit* strahlt nur dann, wenn Sie es auch als Persönlichkeit tun und Sinn vermitteln. Stellen Sie Ihr Charisma-Potenzial auf den Prüfstand:

- Was ist Ihre zentrale Motivation, das zu tun, was Sie als Unternehmer tun oder tun möchten?
- Welchen Sinn und Nutzen können Sie Ihren potenziellen Kunden tatsächlich vermitteln?
- Haben Sie das Bedürfns, für und mit Menschen zu arbeiten?
- Nicht Prozesse bewegen Menschen, sondern Menschen – können Sie Menschen für Ihre Ideen und Ihre Person gewinnen?
- Suchen Sie die Kommunikation? Gehen Sie auf Kunden individuell ein – und überraschen Sie den Kunden durch besondere Aufmerksamkeit? Zeigen Sie Ihr Interesse an der Person?
- Haben Sie die Rahmenbedingungen, damit sie mental gesund sind? Haben Sie diese Ressourcen nicht, können Sie nicht begeistern – nur motivierte Menschen motivieren!

Kraftwerk der Begeisterung

Identität und Charisma muss man an Ihrer Begeisterung für das spüren, was Sie tun. Sie wollen als Unternehmer etwas bewirken. Die Sinnfrage ist ein ganz entscheidender Punkt für Ihre EPU-Zukunft. Als jemand, der etwas bewirken will – im Interesse seiner Kunden –, stiften Sie auch für sich selbst Sinn. Ihre Tätigkeit hat Gewicht, Sie können sich damit ganz anders identifizieren als mit einer selbständigen Tätigkeit. Das ist bei EPU im Vergleich zu allen anderen Unternehmen sehr rasch spürbar. Begeisterung und Leidenschaft sind aus meiner Erfahrung heraus die „Kraftwerke" für das eigene *Unternehmen Freiheit*. Hier entsteht die Energie, die in unternehmerischem Denken und Handeln mündet und die Kunden beeindruckt. Als Ein-Personen-Unternehmen hat man kein Energienetz zur Verfügung, an das man sich andocken kann, man muss seine Energie selbst produzieren. Und Sie brauchen viel Energie, wenn Sie kreativ sein wollen, strategisch denken, präventiv handeln und Ihr Business-Modell optimal umsetzen wollen. Das funktioniert nur, wenn Sie sich für Ihr *Unternehmen Freiheit*, seine Leistungen und Wirkungen, seinen Nutzen und seinen Sinn persönlich begeistern können. Dann funkelt Ihr Charisma, dann überzeugen Sie mit Ihrer Unternehmerpersönlichkeit.

Insignien der neuen Identität

Unternehmerische Identität und Charisma muss nach außen hin, zu potenziellen Kunden und zu Partnern kommuniziert und symbolisiert werden. Das ist nicht nur für die Kundenkommunikation, sondern vor allem für den Identitätsprozess selbst wichtig. Denn Identität braucht Symbole. Wir merken dies in verschiedenen Bereichen des Lebens. Welche Kleidung wir tragen, welches Auto wir fahren, in welchen Lokalen wir verkehren, mit welchen Menschen wir uns gerne umgeben – mit all diesen Faktoren drücken wir nicht nur persönliche Vorlieben aus, wir stecken damit auch unser Identitätsprofil ab. Wir kommunizieren damit, weil wir mit allen Dingen kommunizieren, mit denen wir uns umgeben. Wir zeigen, wer wir sind und wer wir sein wollen.

Das persönliche Identitätsprofil ist eine Sache, das unternehmerische Identitätsprofil eine andere. Unsere unternehmerische Identität braucht genauso Symbole, Insignien, mit denen wir uns unterscheiden – und zwar zuallererst von unserer persönlichen Identität. Auf den Punkt gebracht: Wenn ich einen Termin mit einem Kunden habe, dann habe ich diesen Termin nicht als Privatperson Andreas Piewald, sondern als Unternehmer – und in meinem Fall Unternehmer und Management-Trainer – Andreas Piewald. Dieses Unternehmer-Sein muss erkennbar sein. Für mich und für mein Gegenüber.

Mit welchen Insignien macht man seine Unternehmer-Identität deutlich?

Das ist zuallererst ein Namen für das eigene Unternehmen. Ihr Namen kann Bestandteil dieses Namens sein. Zwischen Ihrem Namen und dem Namen des Unternehmens sollte es aber einen Unterschied geben. Entwickeln Sie daher für Ihr EPU einen Namen. Er ist das Label für Ihre neue unternehmerische Identität. Er ist die Plattform für Ihre künftigen unternehmerischen

Erfolge. Ohne *Brand* existieren Sie in der Wirtschaftswelt nicht. Ihr EPU muss auch ein eigenes Logo haben. Wir leben in einer (Wirtschafts-)Welt der Zeichen. Logos zeigen etwas an, machen Dinge unterscheidbar. Logos sind visueller Ausdruck Ihrer Identität als Unternehmen. Die professionelle Kreation eines Logos ist ein wichtiger Akt im unternehmerischen Identitätsprozess. Diese Investition zahlt sich aus.
Natürlich sind auch Insignien wie Visitkarten wichtig für Ihr EPU. Nicht nur, weil die Visitkarte trotz E-Mail nach wie vor das wichtigste Medium ist, um Referenzkontakte zu schaffen, sondern weil die Karte Ihre unternehmerische Identität repräsentiert: Der Name Ihres Unternehmens, Ihr Name und die professionellen Kontaktdaten sind darauf zu finden – und nicht bloß Ihre privaten Koordinaten. Auch hier ist (im Verein mit schriftlichen Unterlagen, wie Briefköpfe etc.) darauf zu achten, dass Ihre Karte, Ihre unternehmerische Identität in jeder Hinsicht Gewicht hat. Billig gemachte Karten entsprechen nicht Ihrem unternehmerischen Wert.
Außer Frage steht, dass im Internetzeitalter eine Unternehmensgründung ohne den Launch einer eigenen Homepage nicht mehr möglich ist. Ihre Präsenz im virtuellen Raum als Ein-Personen-Unternehmen ist natürlich ebenfalls ein öffentlicher Akt, fast schon ein modernes Initiationsritual für die Selbständigkeit. Auch hier gilt: Erklären Sie nicht nur Ihren Kunden, erklären Sie vor allem auch sich selbst, was Sie tun. Indem Sie Ihre Produkte oder Dienstleistungen beschreiben, oder Ihre Leistungen produktförmig verpacken. An der Funktionalität und Attraktivität Ihrer Homepage sollten Sie nicht

sparen. Denn das Erste, was ein potenzieller Kunde tut, wenn er Ihren Namen weiß, ist: Er „googelt" sie. Und dabei muss er auf Ihre attraktive, überzeugende und hochwertige Homepage stoßen.
Auch die Ausstattung Ihres Büros oder Ihrer Arbeitsräumlichkeiten – wo es nicht so aussehen sollte, wie bei Ihnen daheim (falls Sie in Ihren Arbeitsräumlichkeiten Kunden empfangen) – ist ein wichtiger Meilenstein im unternehmerischen Identitätsprozess. Bekennen Sie sich offen zur Repräsentation. Dabei geht es nicht bloß um die Außenwirkung auf mögliche Kunden, dabei geht es um die – gerade im Startprozess – wichtige Innenwirkung. Um die Wirkung auf Ihre unternehmerische Identität und deren Herausbildung. Gleiches gilt auch für Ihr Auto, Ihre Kleidung, Ihre Accessoires – all das sind Lebensäußerungen Ihres *Unternehmens Freiheit*. Damit kommunizieren Sie erfolgreich.
Und das ist aus meiner Sicht der Kernfaktor für den Erfolg als Ein-Personen-Unternehmen: Die Erweiterung der eigenen Identität um eine eigene unternehmerische Identität. Ohne unternehmerische Identität werden Sie nach dem Ausstieg aus einem Unternehmen bloß Privatier. Diese unternehmerische Identität ist etwas Neues, Zusätzliches. Sie löst Ihre persönliche Identität nicht ab, sie muss und soll diese auch nicht verändern. Die Insignien, durch welche sich diese neue, zusätzliche Identität ausdrückt, sind nicht zu unterschätzen. Sie ermöglichen es, jenen Stolz und jene Überzeugung vom eigenen Unternehmertum sichtbar zu begründen, die für den Erfolg des eigenen Unternehmens unverzichtbar sind. Sie

definieren den eigenen unternehmerischen Mehrwert, den man gegenüber seinen Kunden für sich beansprucht und der sich schließlich auch in der eigenen Preispolitik niederschlägt. Wer sich selbst als Unternehmer zu wenig wertschätzt, der darf sich nicht wundern, dass es auch die Kunden tun. Achten Sie auf Ihre Preise: Sie kommunizieren damit Wert und Anmutung der Qualität, die Sie liefern. Seien Sie nicht zu billig. Lehnen Sie auch einmal einen Auftrag ab, der nicht passt. „Den konnten wir uns nicht leisten" – das ist keine schlechte Werbung für Ihre Qualität. Wer hingegen glaubt, mit Rabatten punkten zu können, irrt sich meistens: Denn mit einem minderen Preis wird meist eine mindere Qualität in Verbindung gebracht. Große Unternehmen scheiden bei der Bewertung von Angeboten für Leistungen meist nicht nur die teuersten, sondern auch die billigsten Anbieter aus. Aus guten Gründen.

Das neue „Wir-Gefühl"

Viele angehende Gründer haben die Angst, durch die Gründung allein im (Wirtschafts-)Leben zu stehen. Die neue unternehmerische Identität, die man als Ein-Personen-Unternehmen aufbaut und aufbauen muss, führt allerdings nicht in die Isolation. Im Gegenteil. Ein-Personen-Unternehmer heißt nicht, sich allein fühlen zu müssen. Ein „Wir-Gefühl" ist auch Bestandteil der neuen Unternehmer-Identität. Das unternehmerische „Wir-Gefühl" vermittelt eine positive Grundstimmung.

Als Ein-Personen-Unternehmen ist man Teil der größten Gruppe unter den österreichischen Unternehmerinnen und

Unternehmern. Die Hälfte aller auf dem Markt agierenden Unternehmen in Österreich sind EPU. Österreichs EPU stehen für flexible und gewinnbringende Kooperation mit großen Unternehmen und für eine flexible, erfolgsorientierte Wirtschaftskultur.
Ein-Personen-Unternehmen haben auf den gesellschaftlichen Trend der Individualisierung und Flexibilisierung eine überzeugende Antwort gefunden. Ich bin sicher, dass wir den Erfolg von Unternehmen nicht nur an der Zahl der Mitarbeiterinnen und Mitarbeiter messen dürfen – wiewohl viele Ein-Personen-Unternehmen auch personell auf Wachstumskurs sind. EPU sind nämlich in der Regel wiederum oft Auftraggeber bzw. Kunden anderer EPU. Der volkswirtschaftliche Beschäftigungseffekt von Unternehmen darf nicht auf Angestelltenverhältnisse reduziert werden. Es gibt daher viele Gründe, sich als Ein-Personen-Unternehmen stark zu fühlen.

Unternehmen Freiheit als Kulturfrage

Nicht zu unterschätzen ist auch der kulturelle Identitätsaspekt der Ein-Personen-Unternehmen. Als EPU ist man Teil einer Bewegung in unserer Wirtschaft und Gesellschaft, die der alten Angestelltenkultur eine spannende, neue *Entrepreneurship*-Kultur entgegensetzt. Die beiden deutschen Ein-Personen-Unternehmer Holm Friebe und Sascha Lobo haben diese Kultur in einem vielbeachteten Buch[4] auf originelle Weise beschrieben. Sie berichten von einer neuen Generation von Akteuren des Wirtschafts- und Arbeitslebens, die ein Ziel hat: So zu arbeiten, wie es ihr gefällt. Eine Generation, die Arbeit nicht als zu minimierendes und zu regulierendes Übel ansieht, sondern als Chance auf Autonomie. Friebe und Lobo bezeichnen diese Avantgarde der Arbeitswelt elegant als „digitale Bohème". Abhängige Lohnarbeit ist für diese digitale Bohème in Anlehnung an den Philosophen Fritjolf Bergmann eine „milde Krankheit". Er beschreibt abhängige Lohnarbeit als „eine Zeit, in der man nicht wirklich lebt, man zählt nur die Wochen und Monate, bis es vorbei ist." Friebe und Lobo setzen dem entgegen: „Wir glauben, dass es Alternativen gibt zum erstarrenden System der festangestellten Erwerbsarbeit, die uns neben der Massenarbeitslosigkeit auch eine Massenunzufriedenheit beschert hat. Und wir glauben, dass noch viel mehr Menschen nach den Regeln der digitalen Bohème selbstbestimmt arbeiten und leben können und werden. Die Individualisierung, die der wichtigste gesellschaftliche Trend des 20. Jahrhunderts war, könnte damit im 21. Jahrhundert erst ihre eigentliche Qualität offenbaren: Indem Individuen ihre Individualität nicht mehr nur über den Konsum, sondern auch darüber entfalten, was, wann und wie sie arbeiten."

Ich meine: Origineller kann man unsere neue EPU-Kultur und ihre gemeinsame Identität nicht beschreiben. Das *Unternehmen Freiheit* hat Zukunft.

Identität durch qualitatives Wachstum

Ein sehr wesentlicher Aspekt der EPU-Identität ist, wie EPU wirtschaften – und wie sie sich in ihrem Wirtschaften von anderen

Unternehmen unterscheiden können. Vor dem Hintergrund meiner Erfahrungen sind die Wachstumsprozesse von EPU vor allem durch Qualitätsorientierung gekennzeichnet. Das liegt in der Natur der Sache. Während große Unternehmen auf Expansionskurs traditionell auf quantitatives Wachstum setzen – mehr Markanteile, mehr Umsatz –, liegt die große Stärke der kleinen Unternehmen im qualitativen Wachstum. Qualitatives Wachstum, das bedeutet qualitativ hochwertige Produkte und Dienstleistungen mit nachhaltigem unternehmerischem Erfolg statt kurzlebiger Billigwaren und Verkaufserfolgen. Als EPU steht man mit der Integrität seiner Person hinter seinen Produkten und Dienstleistungen. Das fördert und fordert die Qualitätsorientierung und auch ein entsprechendes Wachstumsverständnis. Qualitätsorientierung als integraler Bestandteil der neuen unternehmerischen Identität ist eine wichtige Grundlage für den individuellen und ökonomischen Erfolg als EPU.
In diesem Sinn sei hier angemerkt: Schlüpfen Sie als Ein-Personen-Unternehmen ganz aus dem Ei der Unselbständigkeit in die unternehmerische Freiheit. Nur teilweise zu schlüpfen, funktioniert nicht. Dann ist zwar die Schale kaputt, sie behindert Sie aber nach wie vor am Fortkommen. Arbeiten Sie an Ihrer neuen Identität als Unternehmer.
Entwickeln Sie Ihren persönlichen „Feinkostladen“, Ihre exklusive „Boutique,“ die durch Persönlichkeit und durch individuelle und schnelle Kundenbetreuung unverwechselbar und außergewöhnlich ist. Werden Sie zum persönlichen Geheimtipp, der gerade in Ihrer Wunschzielgruppe zur ersten Adresse wird.

Service

Fit für das Unternehmen Freiheit?

Denken und fühlen Sie unternehmerisch? Sind Sie fit für das *Unternehmen Freiheit?* Die folgende Checklist hilft Ihnen dabei, Ihr Unternehmer-*Mindset* auf den Prüfstand zu stellen.

- Zur Unternehmerpersönlichkeit gehört der Wille, die Dinge nach eigenen Vorstellungen zu gestalten – und nicht nach denen der anderen.
- Das Wichtigste am Unternehmersein ist die Kunden- und Verkaufsorientierung. Wer am Kunden vorbei denkt und handelt, ist im Unternehmerberuf fehl am Platz. Er muss zentraler Fokus Ihrer Aufmerksamkeit, Ihres Zeitmanagements und Ihres gesamten Tuns sein!
- Neue bzw. verbesserte Produkte und Dienstleistungen machen wettbewerbsfähig. Wer sich und sein Unternehmen nicht laufend weiterentwickeln will, gefährdet seinen Erfolg. Auch bei guter Auslastung muss die Aufmerksamkeit auf den *Sales* der Zukunft liegen. Kein Projekt ist unendlich. Und es gibt ein Leben danach. Säen Sie rechtzeitig auf neuem Gelände – auch während der Ernte auf einem bekannten Feld. Der Reifungsprozess für Wachstumserfolge erfordert Zeit. Nicht nur in der Natur.
- Wer nicht kühl kalkulieren und wirtschaftlich denken kann, wird als Unternehmer bald in Schwierigkeiten

kommen. Wirtschaftliches Denken ist die Grundlage für erfolgreiches wirtschaftliches Handeln.

- Bleiben Sie vor allem eines: Konsequent. Verfolgen Sie Ihre Ziele, organisieren Sie sich und führen Sie sich selbst jeden Tag. Wer, wenn nicht Sie selbst. Das ist Ihre Chance, Ihre Freiheit, aber auch Ihr Erfolgsfaktor.
- Halten Sie Ihre Fixkosten so gering wie möglich. Brauchen Sie überhaupt ein repräsentatives Büro für sich allein? Kommen Kunden zu Ihnen? Wenn ja, investieren Sie darin! Wenn nicht, nutzen Sie die modernen Technologien! Als Unternehmer Freiheit haben Sie Ihre Stärke in der Flexibilität. Ihr Arbeitsplatz kann überall dort sein, wo es Ihnen Spaß macht. Das kann auch mal auf einer grünen Wiese oder einem Berg sein. Leben Sie auch hier Ihr *Unternehmen Freiheit*.

Prüfen gut Sie Ihre Geschäftsidee!

Trotz aller Begeisterung über die Selbständigkeit: Unterziehen Sie Ihre Geschäftsidee einem systematischen und gründlichen Check – am besten mit professionellen Gründungsberatern. Auf folgende Fragen sollten Sie positive Antworten haben:

- Was ist Ihre Geschäftsidee – was daran ist neu, innovativ, überzeugend, erfolgversprechend?
- Was können Sie wirklich besonders gut und nimmt man Ihnen das authentisch ab?

- Macht Ihnen die Tätigkeit an sich wirklich großen Spaß?
- Wie steht es um die Marktchancen? Wo genau sind Ihre Märkte? Wer sind Ihre Zielgruppen? Sind diese groß genug? Wie gestalten Sie den Zugang dazu?
- Wie und wo soll das Produkt erzeugt werden? Wer sind Ihre Lieferanten und dauerhaften Partner?
- Sind Entwicklungsarbeiten notwendig? Wie lange dauern sie, wer führt sie durch, wie viel wird das alles kosten?
- Was braucht es an Vorbereitung, um die Dienstleistung anbieten zu können (Infrastruktur, Logistik etc.)? Wann können Sie starten?
- Wie sieht es mit Absatzmöglichkeiten in der Region, im Land, im Ausland aus? Wird Ihr Produkt oder Ihre Dienstleistung außerhalb der Region, des Landes, des Kontinents gebraucht?
- Wie ist es um die Konkurrenz bestellt? Wer sind die Wettbewerber und warum sind Sie erfolgreich bzw. erfolglos?
- Was kostet die Finanzierung des Betriebsgebäudes oder der Büroräumlichkeiten (inkl. Ablösen, Maklergebühren)? Wie verändern sich diese Belastungen? Können Sie sich Räume und Infrastruktur mit anderen teilen?
- Wie hoch sind die Beratungskosten (Anwalt, Steuerberater etc.)? Welche zusätzlichen Experten brauchen Sie?
- Was kostet die Infrastruktur Ihres Büros (Telekom, Mobiliar, Miete, Betriebskosten)? Wie können Sie diese sehr klein halten?
- Wie viel Geld brauchen Sie für Marketing und Werbung (Beratung, Werbeagentur etc.)?

- Können Sie persönlich die Startphase finanziell durchstehen? Wie hoch sind Ihre Ansprüche an Lebensstandard und Einkommen?

Praktische Hilfestellungen, mit denen Sie u.a. den notwendigen Mindestumsatz berechnen oder ihren Business-Plan von Experten checken lassen können, finden Sie auf www.gruender-service.at.

4 Große und fordernde Kunden – ich komme!

Wie Sie als EPU bei großen und sehr großen Unternehmen punkten

Wie komme ich an Kunden? An Kunden, die qualitatives Wachstum und möglichst langfristige Geschäftsbeziehungen ermöglichen? Diese Fragen beschäftigen jeden Ein-Person-Unternehmer. Wie man mit dieser Herausforderung umgeht, dafür gibt es viele unterschiedliche Herangehensweisen. Aber nicht jede führt zum Erfolg. Ihre strategische Positionierung gegenüber Ihren Märkten und Kunden sollte konsistent und klug durchdacht sein.

Die „EPU sucht nur EPU"-Strategie

In der Praxis lässt es sich häufig beobachten, dass Ein-Personen-Unternehmen gern mit anderen EPU in Kontakt treten. Das ist an sich auch gar nicht problematisch, im Gegenteil. Denn ein schlagkräftiges Netz aus anderen EPU als Partner und Lieferanten ist ein wichtiger Erfolgsfaktor. Von Anfang an. Warum zu einer größeren Werbe- oder Kommunikationsagentur gehen, wenn ein EPU die eigenen Kommunikationsmittel genauso gut und deutlich günstiger gestalten kann, weil teure *Overhead-*

Kosten wegfallen? Warum die Gestaltung der eigenen Büroräumlichkeiten nicht einem EPU überlassen, das damit ein Referenzprojekt schaffen kann – und den Auftrag deutlich günstiger erledigt als ein großer Ausstatter? Warum nicht die eigene IT-Austattung von einem anderen EPU im IT-Bereich planen und umsetzen lassen, statt zu einem großen Anbieter zu gehen, der teurer ist und doch nur Lösungen „von der Stange" bietet? Klar ist daher: Als Lieferanten und Partner sind andere EPU Goldes wert.

Für Sie selbst gilt aber: Finger weg von ausschließlich anderen EPU als Kunden. David ist schließlich nicht dadurch bekannt geworden, dass er 100 andere Davids besiegt hat. Sondern einen Goliath. Mit ausschließlich anderen EPU als Kunden kommen Sie auf Dauer nicht weit. Das erleben viele EPU, die in der Unternehmenspraxis eine „EPU sucht EPU"-Strategie fahren. Soll heißen: Man bemüht sich laufend, mit anderen (befreundeten) EPU ins Geschäft zu kommen. Die Netzwerkveranstaltungen von EPU blühen. Aber dort, wo sich zig Ein-Personen-Unternehmer treffen, um über ihre Erfahrungen und Probleme zu diskutieren, gibt es eines sicher nicht: große, interessante Aufträge. So gut gemeint EPU- und Kleinstunternehmer-Netzwerke auch sein mögen: Die Situation auf Ihrem Bankkonto verändert sich dadurch nicht, dass man sich gegenseitig sein Geschäftsleid klagt. Dazu kommt: Die Aufträge, die EPU zu vergeben haben, sind in der Regel bescheiden. Der Aufwand für aktive Akquisition und der generierte Umsatz stehen meist in keinem überzeugenden Verhältnis zueinander. Und oft kommt es in der Praxis vor, dass aus Aufträgen bloß

Tauschgeschäfte werden. Motto: Tausche Lebensberatung gegen Vermögensberatung. Da hat am Ende des Tages keiner etwas davon. Wer selbst als EPU groß herauskommen will, ist mit der „EPU sucht EPU“-Strategie schlecht beraten. Sich *nur* auf andere EPU als Kunden zu konzentrieren, ist daher keine überzeugende Positionierungsstrategie.

Die Ein-Kunden-Strategie

Eine andere EPU-Strategie, die im Wirtschaftsalltag häufig beobachtet wird, ist die Konzentration auf einen Kunden. Sehr häufig wird die Ein-Kunden-Strategie praktiziert, wenn Angestellte aus einem Unternehmen ausscheiden – und dann entweder dieses eine Unternehmen zum Kunden haben oder wegen eines anderen Kunden des Unternehmens in die Selbständigkeit gewechselt sind. Hier muss man sich natürlich fragen, ob echtes Unternehmertum vorliegt – oder nicht nur bloßes *Outsourcing*.
Aber auch wenn die Unternehmer-Entscheidung bewusst gefallen ist, dann muss man vor der Ein-Kunden-Strategie nur nachdrücklich warnen. Wenn dieser eine Kunde wegbricht, dann ist damit auch die Existenz des eigenen Unternehmens in Frage gestellt. Dann ist die Selbständigkeit wirklich ein Unsicherheits-Projekt. Manche EPU, die auf die Ein-Kunden-Strategie setzen wollen, prägt offenbar ein sequenzielles Verständnis vom Unternehmer-Sein. Soll heißen: Ein Auftrag kommt nach dem nächsten. Ist ein Auftrag erledigt, kümmert man sich um die Akquisition eines anderen Auftrages. Aller-

dings: So funktioniert das Unternehmer-Sein nicht. Man muss als Unternehmer immer an allen Fronten präsent sein – Auftragsbearbeitung und Akquistion müssen parallel erfolgen. Daher gilt auch für die Ein-Kunden-Strategie: Finger weg davon! Ein Kunde ist fürs Unternehmer-Sein einfach zu wenig.

Die Diversifizierungs-Strategie

Die Erfolgsstrategie für Ein-Personen-Unternehmen liegt in der Diversifizierung. Sie brauchen mehrere Kunden, und Sie profitieren von einem Mix im Branchenbereich und hinsichtlich der Größe der Kunden. Mehrere Kunden heißt mehrere wirtschaftliche Standbeine – und damit mehr wirtschaftliche Unabhängigkeit. Mehrere Branchen im Kundenportfolio bringen mehr Unabhängigkeit von spezifischen Branchenentwicklungen und insbesondere von Krisen – auch das sichert den eigenen Erfolg. Und unterschiedliche Unternehmensgrößen im Kundenportfolio bedeuten nicht nur Kompetenz-Gewinne für das eigene Unternehmen, sondern ermöglichen auch eine flexible Auslastungssituation. Neben großen, längerfristigen Aufträgen kann man immer wieder durch Schnellschüsse punkten. Bei manchen EPU ergibt sich die kundenseitige Diversifizierung automatisch nach einer mehrjährigen Marktpräsenz. Verlassen sollte man sich darauf aber nicht. Gerade am Beginn einer EPU-Laufbahn ist es wichtig, auf ein wirtschaftlich sinnvolles, gut gestreutes Kundenportfolio zu achten. Selbstverständlich können auch kleinere Kunden dabei sein. Aber als erfolgreicher EPU braucht man auch mehrere größere Kunden.

Das ist nicht nur für den Umsatz wichtig, das ist auch wichtig, um durch entsprechende Referenzen weitere Aufträge zu erhalten. Denn ein EPU, das selbst nur andere EPU als Referenzen aufweisen kann, wird von den interessanten Großkunden meist nicht ernstgenommen. Kleine, die nur für Kleine arbeiten – das ist einfach zu riskant. Die Schlüssel zum Diversifikations- wie zum Kundenerfolg insgesamt ist, dass man als EPU möglichst rasch zu einem interessanten großen Unternehmen als Kunden kommt – eine Heldentat auf der Abenteuerreise EPU, die Ihnen große Chancen bringt. Das macht auf Dauer wirklich krisenfest.

Die Referenz- und Renommee-Strategie

Das *Unternehmen Freiheit* lebt von Referenzen und vom Renommee. Beides ist nicht einfach zu bekommen, aber erfolgsentscheidend. Über Referenzen wird Ihre Erfahrung beurteilt. Zentral ist nicht nur, welche Ausbildungen Sie gemacht und welche Formalkritierien Sie erfüllt haben, sondern was Sie bisher bewirkt haben. Legen Sie daher Ihre Aufmerksamkeit auf renommierte Projekte, auf renommierte Persönlichkeiten und Kunden, die Sie für Ihre Projekte und Ihre Arbeit gewinnen. Dadurch, dass Sie diese begeistern können, wachsen Ansehen, Bedeutung und somit auch die Referenzen Ihres *Unternehmens Freiheit*. Wichtig: Vermeiden Sie auch bei Renommee-Kunden eine Dumping-Strategie. Ein fairer Preis und die klare Kommunikation, dass der Kunde und seine Empfehlungen für Sie wichtig sind, sichern Ihre nächsten wirtschaftlichen Erfolge.

Die erste Heldentat

Die Bedeutung des ersten großen Auftrags in der Karriere eines EPU kann man gar nicht hoch genug einschätzen. Dabei geht es nicht nur um die wirtschaftliche Seite des Auftrages, die (hoffentlich) unbestritten erfreulich ist. Dabei geht es vor allem darum, dass man als EPU erstmals gezeigt hat, was man alles kann und wozu man in der Lage ist. Denn der entscheidende Punkt ist: Bei großen Aufträgen großer Unternehmen konkurriert man in der Regel mit Unternehmen, die deutlich größer sind als man selbst.

Wenn es einem gelingt, einen großen Mitbewerber aus dem Rennen zu schlagen, ein Projekt zu akquirieren, das einen leicht überfordert, einen Auftrag erfolgreich umzusetzen, bei dem man in komplett neues Terrain gestoßen ist, dann ist das ein eindrucksvoller Beweis für die eigenen unternehmerischen Fähigkeiten und die eigene Kompetenz. Ich kann mich gut an meine erste „Heldentat“ als EPU erinnern: Ein großes Unternehmen benötigte für einen großangelegten *Change*-Prozess entsprechenden Managementberatungs-Know-how. Ich beteiligte mich mit Andreas Piewald Management-Training an der Ausschreibung. Meine Konkurrenten waren große Institute, mit hohem Renommee und langjähriger Erfahrung. Meine Motivation, mich trotzdem an der Ausschreibung zu beteiligten war einfach: Ich wollte es einfach wissen. Ich wollte mich mit den Großen der Branche messen. Und ich war dabei erfolgreich. Der Zuschlag für den großen Beratungsauftrag ging an mein EPU – ein sensationeller Moment in meiner Unternehmerlauf-

bahn. Natürlich bemühte ich mich sofort, die Gründe für die Entscheidung in Erfahrung zu bringen. Die Antwort lautete: Während meine großen Mitbewerber dem Unternehmen ihre Beratungsstruktur verkauft hätten, würde sich mein Konzept an der Struktur des Unternehmens orientieren – und sei daher wesentlich besser für den *Change*-Prozess geeignet.
Die Schlussfolgerungen aus dieser ersten EPU-Heldentat gelten für mich bis heute:

- Es gibt keinen Grund, sich vor großen Mitbewerbern zu fürchten. Mit dem besseren und kundennäheren Konzept setzt man sich durch.
- Man muss die Argumente, die für einen als EPU sprechen, sehr klar herausarbeiten und kommunizieren.
- Viele Kunden wollen andere Ansätze, Strategien und Produkte als jene, die ihnen große Anbieter offerieren – sie wollen maßgeschneiderte Lösungen.
- Als EPU ist man genauso ein *Player* auf dem Markt wie große Unternehmen. Und man kann daher auch in einer ähnlichen Preisklasse spielen.

Mit dem ersten Großkunden signalisiert man anderen Großkunden die Sicherheit, bei einem EPU an der richtigen Stelle zu sein. Das ist wichtig für alle Folgeaufträge. Denn ob ein Großkunde als Referenz auf der eigenen Homepage steht oder nicht, das ist ein ganz entscheidender Unterschied für ein EPU. Und für dessen Marktchancen. Wenn sich ein Großunternehmen einen Kleinen leistet, dann ist für alle anderen poten-

ziellen Kunden klar: An diesem Kleinen muss wirklich was dran sein.
Und, wie bereits gesagt: Menschen kaufen Menschen. Egal, ob es sich um große oder um kleine Unternehmem handelt, die mit diesen Menschen verbunden sind.

Als Kleiner Großes leisten

Vor diesem Hintergrund ist es als EPU in jeder Hinsicht erfolgsentscheidend, rasch zu einem wirklich großen Kunden und zu einem großen Auftrag zu kommen. Je länger man zuwartet, je länger man zweifelt, ob man sich wirklich mit der großen Konkurrenz messen sollte, desto schlechter. Folgende Erfolgsfaktoren sind kritisch für den Weg zum ersten großen Auftrag:

- Machen Sie sich angemessen größer. Wer klein ist, muss sich größer machen, um bemerkt zu werden. Das ist überall so. Das gilt auch für das Ein-Personen-Unternehmen. Die Darstellung auf der professionellen eigenen Homepage ist dafür ein wichtiger Faktor. Nützen Sie Zitate und *Testimonials,* um Ihre Leistungen zu charakterisieren. Verwenden Sie erstklassige Visitkarten, treten Sie souverän auf – so, wie es Ihre potenziellen Kunden auch von Großunternehmen gewohnt sind. Es geht nicht darum, vorzugaukeln, was man nicht ist. Sondern es geht um das Repräsentieren bestimmter Standards des Wirtschaftslebens. Zeigen Sie, dass Sie angemessen stolz auf Ihr Unternehmen sind – und werten Sie damit Ihre Arbeit auf. Nicht arrogant, nicht übertrieben. Angemessen stolz. Aber eben stolz.

- Investieren Sie richtig. Es stimmt, dass die Akquisition eines großen Auftrages oder die Teilnahme an einer entsprechenden Ausschreibung viel Zeit und Engagement in Anspruch nimmt. Das ist in jeder Hinsicht ein teures Projekt. Noch dazu, da Sie in neun von zehn Fällen scheitern werden. Aber: Es wird sich in einem Fall auszahlen. Investieren Sie daher richtig – wie die Großen. Denn das ist ein wichtiger Faktor: EPU tendieren vielfach dazu, auf Minimalbetrieb geschäftlich tätig zu sein. Nach dem Motto: Größte Wirkung bei kleinstem Aufwand. Aber zum Unternehmersein gehört eben dazu, in künftige Geschäfte zu investieren. Der *Return of Investment* wird Ihrem hohen Engagement letztlich Rechnung tragen. Dazu kommt, dass die Teilnahme an Ausschreibungen wichtige Lernerfahrungen bringt. Es zahlt sich aus, sich früh mit den Großen zu messen.
- Garantieren Sie Qualität. Wichtig ist, dass der Nutzen, dem Sie dem Kunden bieten, größer ist, als jener der Konkurrenz. Dieser Nutzen kann neben dem Preisargument nur in besserer Qualität bestehen. Also: Gleiche Qualität zum besseren Preis, oder bessere Qualität zum gleichen Preis. Entscheidend ist aber letztlich das Qualitätsniveau, das sie bieten. Gerade in wirtschaftlich schwierigen Zeiten überlegen es sich die Unternehmen gut, wofür sie wirklich Geld ausgeben. In Produkte oder Dienstleistungen, deren Nutzen eher durchschnittlich ist, wird wenig investiert. Für Produkte oder Dienstleistungen, die durch maßgeschneiderte Qualität bestechen, haben die großen Unternehmen immer ein offenes Ohr. Nutzen, Lösungen, Individualität, Qualität – damit punkten Sie im Wettbewerb.
- Positionieren Sie sich richtig. Das Preisargument spielt

natürlich eine zentrale Rolle. Trotzdem gilt: Der Preis kommuniziert auch den Wert der Leistung. Zu billig ist verdächtig. Sehr verdächtig sogar. Große Unternehmen sind es gewohnt, für gute Leistungen gutes Geld zu zahlen. Mit zu niedrigen Preisen unterminiert man den eigenen Marktwert. Die Strategie, sich durch niedrige Preise Marktanteile zu erobern und erst mit dem Wachstum an der Preisspirale zu drehen, geht bei EPU auf der Suche nach Großkunden in der Regel schief. Denn niedrige Preise symbolisieren einen niedrigen Wert Ihrer Produkte oder Leistungen. Das können Sie sich als EPU aber nicht leisten. Ihre gute Leistung muss von Anfang an durch entsprechende Preise deutlich gemacht werden. Große und anspruchsvolle Kunden verstehen diese Botschaft. An ihnen können Sie wachsen. Ist das nicht die beste Strategie für Ihre Positionierung?

Der erste Großkunde – Ihr bester Verkäufer

Je schneller Sie den Weg zum ersten Großkunden geschafft haben, desto besser kann sich Ihr EPU in der Folge entwickeln. Denn bei der Akquisition eines Auftrages hören EPU stets die eine Frage: Für wen haben Sie denn bisher gearbeitet? Wer darauf nur mit kleinen, vollkommen unbekannten Unternehmen oder Institutionen antworten kann, hat es schwer. Wenn Sie darauf mit einem bekannten, großen Unternehmen antworten können, ersparen Sie sich viele weitere Fragen, aufwändige Erklärungen oder starken Preisdruck. Mit der ersten Heldentat im Rücken lassen sich Akquisitionsgespräche deutlich entspannter und erfolgreicher absolvieren als ohne. Denn hinsichtlich der Anmutung von Wirtschaftskompetenz haben die großen Unternehmen nach wie vor die Nase vorn. Schlagen Sie die Großen also mit ihren eigenen Waffen! Der erste große Kunde ist der beste Verkäufer, den Sie haben!

Vorsicht, Falle!

Wenn Ihnen als EPU die erste Heldentat gelungen ist, dann sollten Sie einen Fehler nicht begehen: den ersten Großauftrag zu genießen – und keine weiteren Akquisitionsmaßnahmen zu setzen. Ruhen Sie sich nicht auf Ihren Lorbeeren aus, sondern setzen Sie die nächsten Wachstumsschritte für Ihr EPU. Das bedeutet zweierlei:

- Hegen und pflegen Sie Ihren ersten Großkunden nach allen Regeln der Kunst. Er verdient das beste Service und die höchste Aufmerksamkeit, die es gibt. Sie müssen ihm in laufender Erinnerung bleiben. Denn wenn er mit Kollegen spricht, und Ihr Name fällt dabei in einem positiven Zusammenhang, dann ist dies die beste Werbung für Sie, die es gibt. Und das funktioniert eben nur dann, wenn Sie Ihren ersten Kunden bestmöglich betreuen – er ist der strategische Schlüssel für Ihren weiteren Erfolg. Mundpropaganda beziehungsweise Empfehlungsmarketing auf höchster Ebene ist die beste und billigste Werbung für Sie, die es gibt. Werden Sie zum EPU-Geheimtipp.
- Nutzen Sie Ihren ersten Großkunden als Referenz bei weiteren Akquisitionen. Kommunizieren Sie mit allen Ihnen zur Ver-

fügung stehenden Mitteln, dass das Unternehmen XY nun zu Ihren Kunden zählt und auf Ihre Produkte oder Dienstleistungen setzt. Das muss sich in Ihrer Zielgruppe herumsprechen. Nicht die Zufriedenheit des ersten Großkunden ist Ihr Gradmesser, nein: seine Begeisterung. Nur wer begeistert ist, wird Sie weiter empfehlen. Tun Sie alles, um Ihren Kunden zu begeistern. Denn er ist Ihr wichtigster Verkäufer. Es gibt nichts Glaubwürdigeres als seine besten Erfahrungen mit Ihnen.

Zur richtigen Zeit „Nein" sagen

Beachten Sie allerdings auch: Nicht jeder Kunde ist der Richtige für Sie. Aus eigener Erfahrung weiß ich gut, dass man einen Auftrag mitunter nicht nur ablehnen darf, sondern auch ablehnen muss. Ich hatte etwa ein sehr verlockendes Angebot eines weltweit tätigen und renommierten Unternehmens. Zunächst war ich davon begeistert – und sah das Logo des Unternehmens schon auf meiner Referenzliste glänzen. Doch nach zwei Briefings hatte ich den Eindruck, dass mein *Unternehmen Freiheit* an diesem Auftrag und an diesem Unternehmen nicht andocken konnte. Man wollte mich zu Dumping-Preisen zu einem reinen Erfüller eigener Vorstellungen machen. Ich hätte dadurch lediglich Subaufträge entgegengenommen. Ich lehnte den Auftrag ab – und blieb bei meinen Kriterien für gute und hochwertige Arbeit für meine Kunden. Die Entscheidung gegen diesen Auftrag war schwer. Sie hat aber mein *Unternehmen Freiheit* gestärkt. Daher: Achten Sie auf Ihr Gefühl! Es gibt Aufträge, wo man in Wirklichkeit nichts gewinnen kann. Die sollten Sie anderen überlassen. Bemühen Sie sich um Aufträge, wo der Kontext und die handelnden Personen einfach passen. Damit wachsen Sie langfristig am besten.

Der richtige Auftritt

Bei all Ihren Akquisitionsaktivitäten in Richtung große Unternehmen sollten Sie sich darüber im Klaren sein: Es ist Ihre Unternehmerpersönlichkeit, die für den Kunden interessant ist und die schließlich gekauft wird. Deshalb muss man sich darum bemühen, immer und überall mit seiner Unternehmerpersönlichkeit zu punkten. Die Unternehmerpersönlichkeit kompensiert das, was für große Unternehmen die Markenidentität ist. Deshalb führt auf dem Weg zum Großkunden kein Weg an einer starken individuellen EPU-Persönlichkeit vorbei. Und es sind die großen und renommierten Kunden, die Ihr mentales EPU-Kraftwerk befeuern: Die stärkste Motivation holen Sie sich nur im Kontakt zu großen, attraktiven Unternehmen und zu deren Entscheidungsträgern. Daher sind eine starke, attraktive EPU-Unternehmerpersönlichkeit und starke, attraktive Kunden untrennbar miteinander verbunden.

Der Star-Kunde

Für eine Vielzahl von Ein-Personen-Unternehmen im *Business-to-Consumer*-Bereich stellt sich die Frage nach der ersten großen Heldentat in leicht abgewandelter Form. Es geht nicht um den großen Business-Kunden. Denn für viele Unternehmen ist es aufgrund ihrer Geschäftstätigkeit gar nicht das Ziel, einen komplexen Mega-Auftrag zu erringen. Sie leben von möglichst vielen kleinen Kunden. Egal, ob Friseur, Kunsttischler, Greißler oder Shop-Besitzer: Ihre Heldentat besteht darin, an entscheidende Multiplikatoren heranzukommen. An Personen, die Sie von Ihrer persönlichen Leistung überzeugen und begeistern. An Personen, die in einer attraktiven *Community* verankert sind und Sie gezielt weiterempfehlen. An Personen, die über ein so großes Renommee verfügen, dass man sie als *Testimonial* für das eigene Geschäft nutzen kann.

Wer geht nicht gern zum Greißler, bei dem Starkoch XY gerne einkauft? Wer kehrt nicht gern in das Beisl ein, in dem Spitzensportler Z wegen der hervorragenden Küche gelegentlich anzutreffen ist? Welcher Architekt nimmt nicht gern die Dienste eines Kunsttischlers in Anspruch, den ihm ein erfolgreicher Kollege empfohlen hat? Auf den Punkt gebracht: Wer die Masse an Kunden will, braucht Klasse-Kunden. Deshalb sollten Sie sich als Ein-Personen-Unternehmen mit ihren Leistungen um ganz besondere Kunden bemühen. Wenn solche Persönlichkeiten Ihre Kunden werden und bleiben, dann haben Sie eine echte Heldentat vollbracht. Mit ihnen multiziplieren Sie Ihren Geschäftserfolg.

Service

So nicht!

Damit Sie von Großunternehmen als Unternehmer auf Augenhöhe anerkannt werden, sollten Sie sich auch so verhalten. Beachten Sie bitte folgende *Dos & Donts*:

- Sagen Sie zu einem potenziellen Kunden nie: „Ich habe mich ein bisschen selbständig gemacht."
- Gehen Sie auf andere Menschen selbstbewusst und offen zu.
- Verstecken Sie nie Ihre Leidenschaft für Ihr Produkt oder Ihre Dienstleistungen. Diese muss spür- und erlebbar sein. In allen Lebensituationen. Jeder muss erkennen, was Sie mit voller Identifikation tun.
- Hinterfragen Sie nicht immer und überall, was Sie nun falsch gemacht haben.
- Seien Sie sich dessen bewusst, wie Sie durch Auftreten, Kleidung und Sprache Ihre Unternehmerpersönlichkeit kommunizieren. Es sind die Details, die den Unterschied ausmachen.
- Gehen Sie mit Terminen professionell um, bereiten Sie sich immer sichtbar darauf vor.
- Sorgen Sie dafür, dass Sie bei Ihrem Kunden angemessen vorfahren – ein klappriger PKW kommt nicht gut an, genauso wenig wie der sündteuere Sportwagen, wenn Sie

ausgewogene Produkte positionieren wollen. Und achten Sie auch darauf, was ein abgeknabberter Werbekuli, mit dem Sie schreiben oder ein alter Zeichen-Block über Ihre Leistung kommunizieren. Denn alles an Ihnen kommuniziert – so oder so.

- Gestalten Sie Ihre Büro- und Besprechungsräumlichkeiten professionell – wählen Sie für Termine angemessene Lokale und Räumlichkeiten, die sie dafür nutzen, Ihre Positionierung zu unterstreichen und homogen zu gestalten.
- Begrüßen und reden Sie mit Kunden in Augenhöhe – und nicht zu subaltern.

Zeigen Sie Profil!

Ihre Unternehmerpersönlichkeit muss für große Kunden besonders gut fassbar und erkennbar sein. Achten Sie bitte auf Folgendes:

- Fokussieren Sie Ihre EPU auf spezifische, klare Kernkompetenzen – große Unternehmen interessieren sich nicht für Bauchladen-EPU.
- Machen Sie große Mitbewerber nicht schlecht – aber betonen Sie immer Ihren kundenspezifischen Zugang und vor allem den Nutzen Ihrer Leistung. Das ist Ihr großer Wettbewerbsvorteil als flexibler EPU.
- Stellen Sie die Positionierungsfrage: Fragen Sie Ihre Kunden, wie sie Sie in einem Satz bezeichnen würden –

und verwenden Sie diese Charakterisierung zu Ihrer Positionierung. Erfolgsentscheidend ist schließlich, wie Sie beim Kunden ankommen – und nicht, wie Sie meinen, dass der Kunde Sie sehen sollte.

- Alles an Ihnen kommuniziert. Achten Sie darauf, dass Details an Ihnen Ihre verbale Botschaft unterstützen. Den bodenständigen Berater im Nadelstreif darzustellen funktioniert nicht.
- Machen Sie deutlich, dass Ihre Perspektive im qualitativen Wachstum liegt – große Unternehmen schätzen jene Qualitätsorientierung, die sie meist selbst nicht leben (können).
- Unterstreichen Sie Ihre absolute Kundennähe – Sie persönlich erbringen die Leistungen, und niemand anderer! Und überzeugen Sie als persönlicher Berater!

5 Der erste Rückschlag

Wie man mit Niederlagen und Misserfolgen umgeht

Die erste Heldentat im freien Unternehmerleben – der erste Auftrag eines Großkunden – ist ein sensationelles Erlebnis. Endlich hat man's geschafft. Endlich spielt man mit. Endlich wird die eigene Leistung richtig anerkannt.

Aber es gibt im Unternehmerdasein auch andere Erlebnisse. Rückschläge, Misserfolge, Niederlagen. Genauso wenig, wie man nach Erfolgen als EPU abheben darf, darf man nach Misserfolgen abstürzen. Denn Misserfolge gehören zum Unternehmerdasein dazu. Daher: Stellen wir uns vorab darauf ein. Das ist die halbe Miete. Wie man mit Misserfolgen umgeht, das ist für EPU ein besonders wichtiges Thema.

Nicht wenige Unternehmen erholen sich von ihrem ersten Rückschlag nicht oder nur schwer. Das aber hat Konsequenzen für die weitere Geschäftstätigkeit: Wer monatelang an Rückschlägen knabbert, der verliert dadurch wertvolle Zeit. Und die Konkurrenz schläft bekanntlich nicht. Wer lange über Rückschläge sinniert, verliert an Selbstbewusstsein und in der Folge an Charisma. Nicht nur die akuten Folgen von Rückschlägen – etwa in Form von weniger Umsatz –, sondern auch die mittel- und langfristigen Folgen fallen schwer ins Gewicht. Gegen Rückschläge aller Art kann man sich als EPU materiell nicht versichern – aber mental. Vor allem muss man aus Rückschlägen die richtigen Konsequenzen ziehen.

Rückschläge: Was kommt?

Wer sich immer gleich auf das Schlimmste gefasst macht, der ist als Unternehmer wahrscheinlich nicht an der richtigen Stelle. Trotzdem ist es wichtig, mögliche Rückschläge für das eigene *Unternehmen Freiheit* vorab identifizieren zu können. Das gehört zur unternehmerischen Risikokultur einfach dazu – und mindert den Überraschungseffekt von Rückschlägen und Krisen. Potenziell erwartbare Rückschläge für das Unternehmen Freiheit sind:

Kundenverlust: Wenn Kunden der ersten Stunde dem EPU den Rücken kehren, ist das natürlich besonders schmerzlich. Schließlich fußt das Geschäftsmodell vieler Unternehmen auf einem harten Kern von Gründungs- und Stammkunden. Fallen die Kunden der ersten Stunde weg, dann hat das oft schwerwiegende finanzielle Konsequenzen. Hat das eigene Unternehmen überhaupt eine Zukunft?

Ausschreibungsniederlage: Für aufstrebende *Unternehmen Freiheit*, die gerade ihre erste große Heldentat am Großkundensektor vollbracht haben, ist eine darauf folgende Niederlage bei der nächsten Ausschreibung umso gravierender. Wer sich schon auf die nächste Heldentat gefreut hat, aber eine interessante Ausschreibung oder einen Auftrag verliert, muss einen

schmerzhaften Rückschlag einstecken. Warum hat sich wieder die Konkurrenz durchgesetzt? Bin ich doch nicht so gut? War der bisherige Erfolg nur eine Eintagsfliege?
Auftragsschwankungen: Gerade für Angestellte, die ein regelmäßiges Einkommen gewohnt waren, sind Auftragsschwankungen ein besonders spürbarer Rückschlag. Wenn das Geschäft zuvor gut lief, dann aber schlecht, sorgt das für innere Unruhe. War es vielleicht doch keine gute Idee, sich selbständig zu machen?
Partnerverlust: Verlässliche Partner, mit denen man in ausgewählten Geschäftsbereichen zusammenarbeitet, sind für viele EPU wichtige Erfolgsfaktoren. Partner, mit denen man etwa Dienstleistungen austauscht oder gemeinsam Projekte akquiriert. Nicht selten zerbrechen solche Partnerschaften – weil der Partner selbst mit Großaufträgen eingedeckt ist, sich anderen Geschäftsbereichen zuwendet oder einfach die persönliche Chemie nicht mehr stimmt. Das ist ein herber Rückschlag. Schafft man es auch ganz allein? Hat man sich schon vorher nach Alternativen zu bisherigen Partnern umgesehen?
Lieferantenverlust: Eine funktionierende Lieferanteninfrastruktur ist für ein EPU eine wichtige Erfolgsvoraussetzung. Von der Buchhaltung über die IT bis zur Büro-Infrastruktur reicht die Palette der notwendigen Leistungen, für die in der Regel andere EPU zuständig sind. Fällt ein wichtiger Lieferant weg – zum Beispiel der IT-Experte, dank dem man Produkte erfolgreich online verkauft –, dann ist meist eine EPU-Krise vorprogrammiert. Wie findet man schnell jemand anderen, der die wichtige Leistung genauso gut und günstig erbringt?

Auf alle diese Verlust-Szenarien sollten Sie sich einstellen. Die Wahrscheinlichkeit, dass Sie mit derartigen Herausforderungen im Lauf Ihrer Unternehmertätigkeit konfrontiert werden, ist hoch.

Die falsche Schuldfrage

In großen Unternehmen hat man es leichter: Läuft bei ihnen etwas schief, dann ist dank komplexer Hierarchien und Verantwortlichkeiten an verlorenen Kunden oder Aufträgen immer jemand anderer schuld. Beim EPU konzentriert sich die „Schuldfrage" immer nur auf eine Person: auf Sie selbst. Egal, ob der Kunde der ersten Stunde die Zusammenarbeit kündigt; ob eine mit viel Engagement betriebene Akquise in eine Absage mündet; ob ein interessanter Kunde sich für einen anderen Anbieter entscheidet: Schuld ist man immer nur selbst.
So empfinden es jedenfalls die meisten EPU. Und sie fragen sich: Was habe ich falsch gemacht? Warum komme ich beim Kunden so schlecht an? Was passt dem (potenziellen) Kunden nicht an mir?
Ich habe diese Fragen schon von vielen EPU nach Rückschlägen gehört. Und ich sage jedem EPU, dass diese Fragen falsch sind. Weil sie darin münden, dass Rückschläge persönlich genommen werden. Wer unternehmerische Rückschläge auf seine eigene Persönlichkeit bezieht, ist auf dem unternehmerischen Holzweg unterwegs. Denn das mündet in der Regel in Selbstzerfleischung. Der beste Schutz dagegen ist die Entwicklung einer starken Unternehmerpersönlichkeit (siehe

vorheriges Kapitel). Eine Unternehmerpersönlichkeit beschäftigt sich mit unternehmerischen Rückschlagen ganz anders. Es geht nicht um „wer ist Schuld?“, sondern um „wie ist das passiert, und was muss ich in Zukunft anders machen?“

Die richtige „Wie-Frage“

Wir wachsen und entwickeln uns anhand der Fragen, die wir uns stellen.

Die falschen Fragen sind: Warum habe ich das nicht geschafft? Warum war ein anderer besser? Warum ist das nicht gerecht gewesen? Was hätte ich besser machen sollen? Warum habe ich da nicht noch mehr oder weniger für den Auftrag gemacht? Das sind Fragen, die in die Vergangenheit führen, und uns grübeln lassen über Dinge, die wir nicht ändern können.

Die richtigen Fragen sind: Was kann ich konkret daraus lernen? Wie mache ich es das nächste Mal? Was muss ich tun, damit ich die *Message* besser vermitteln kann? Wie kann ich mich das nächste Mal anders positionieren, damit ich meine Mehrwerte klar herausarbeite?

Daher: Beginnen Sie Ihre Fragen mit „Wie?“ – und fokussieren Sie auf die Zukunft. Henry Ford sagte einmal: „Das zentrale Problem ist, dass sich viele Organisaitionen 80 Prozent der Zeit mit Problemen und nur 20 Prozent mit Lösungen beschäftigen.“ Auf die Frage kommt es an. Drehen Sie die Aufmerksamkeit mit Hilfe der richtigen Fragen in den Lösungs-, Lern-, und Zukunftsfokus.

Die falschen Konsequenzen

Die erste Grundregel bei Rückschlägen ist: Vermeiden Sie es, die falschen Konsequenzen daraus zu ziehen – auch wenn diese nahe liegen würden.
Eine falsche Konsequenz wäre es etwa, sich nach einem Rückschlag wieder ins Schneckenhaus zurückzuziehen – und sogar das eigene EPU in Frage zu stellen. Diesen Fehler begehen viele EPU. Sie schrauben ihre Ansprüche an die eigene Unternehmerlaufbahn radikal zurück. Sie lassen sich von Rückschlägen einschüchtern, gehen komplett in die Defensive. Ich meine: Nicht Rückschläge, sondern eine solche Defensiv-Haltung stellt die eigene Unternehmerlaufbahn massiv in Frage. Der Rückzug ins Schneckenhaus ist die falsche Konsequenz, wenn ein unternehmerischer Rückschlag zu verbuchen ist.

Die richtigen Konsequenzen

Rückschläge sind für Sie als Unternehmerpersönlichkeit wichtige Lernerfahrungen, die zum Unternehmertum einfach dazugehören. Das heißt natürlich nicht, dass man sie kommentarlos hinnehmen sollte. Aus Rückschlägen zieht man die richtigen Konsequenzen. Zwei Bereiche sind dabei neuralgisch: Jeder unternehmerische Rückschlag braucht eine klare, fundierte Analyse. Was kann ich daraus lernen? Wie muss ich mich das nächste Mal positionieren? Was kann ich tun, um die Strategie und Positionierung noch besser zu vermitteln? Wie kann ich den Kunden besser binden? Nützen Sie die Möglich-

keiten, zu Feedback des (potenziellen) Kunden zu kommen. Was hat wirklich den Ausschlag gegeben? Lag es an der mangelnden Qualität von Produkt oder Dienstleistung? Lag es am Preis? Was lerne ich für die Zukunft daraus? Was mache ich anders? Richten Sie den Blick in die Zukunft!
Gehen Sie zu Ihren Kunden und klären Sie die Gründe. Eine klare Analyse zeigt Ihnen, wo Ihr EPU künftig besser werden muss. Statt über die Strategie nachzudenken, sollten Sie alle Punkte ihrer Umsetzung durchleuchten: Wo wird Ihre Strategie nicht optimal umgesetzt? Mangelt es an der Kommunikation, also kommunizieren Sie nicht ausreichend den Nutzen Ihrer Produkte oder Dienstleistungen? Haben Sie nicht alle Argumente eingesetzt? Welche Ansprechpartner im Unternehmen wären wirklich wichtig gewesen? Eine fundierte Verlust-Analyse ist ein echter Gewinn für Ihr EPU. Der Kunde ist dabei der wichtigste Partner und Informant – er hat das Wissen, auf das es für Sie ankommt.

Strategiewechsel auf dem Prüfstand

Eine weitere falsche Konsequenz aus einem Rückschlag wäre ein radikaler Strategiewechsel. Auch das lässt sich in der Praxis oft beobachten. EPU, die einen Kunden verlieren oder einen wichtigen Auftrag nicht erhalten, stellen plötzlich ihre gesamte Strategie in Frage. Und wollen ihre bisherige durch eine neue ersetzen. Ich halte diese Vorgangsweise für hochproblematisch. Ein verlorener Kunde oder ein nicht erhaltener Auftrag hat in der Regel überhaupt nichts mit der Unterneh-

mensstrategie zu tun, sondern damit, dass sie operativ nicht angemessen umgesetzt wurde. Zwischen Strategie und ihrer operativen Umsetzung nicht klar zu trennen und nach einem Rückschlag alles auf die Strategie zu schieben, ist ganz sicher der falsche Weg. Abgesehen davon, dass laufende Strategiewechsel nur ein Beitrag zur Verunsicherung der Kunden und der eigenen sind.
Stellen Sie sich daher folgende Frage: Habe ich die richtige Strategie einfach nur nicht richtig und erkennbar umgesetzt? Auch in großen Organisationen kommt es immer wieder zu Strategiewechseln – ohne dass genau untersucht wird, ob die richtige Vorgehensweise nicht bloß operativ gescheitert ist. Es geht darum, die Strategie auf den Boden zu bringen – und nicht gleich zum nächsten Höhenflug aufzubrechen. In manchen Lüften wird Sie kein Kunde mehr finden können.

Partnerschaft auf dem Prüfstand

Wenn eine Partnerschaft zu einem anderen EPU in die Brüche geht, folgern viele EPU daraus, dass die persönliche Beziehung zum EPU-Partner wohl doch nicht so gut war – und nehmen sich vor, die persönliche Beziehung zum nächsten EPU-Partner besser zu gestalten. Das ist allerdings sicher die falsche Lehre aus einer zerbrochenen Geschäftspartnerschaft. Denn damit Partnerschaften bestmöglich funktionieren, muss man Privates und Geschäftliches klug auseinanderhalten. Man darf nicht Erwartungshaltungen an eine Person auf eine geschäftliche Beziehung übertragen. Der beste Freund ist nicht gleich der beste Geschäftspartner. Im Gegenteil: Es spricht meiner Meinung nach gerade für EPU viel dafür, persönliche und geschäftliche Beziehungen zu entflechten.

Im Fall des Verlusts eines Partners empfehle ich Ihnen, Ihre Partner-Strategie auf neue Beine zu stellen. Allzu oft sind geschäftliche Partnerschaften das Ergebnis von persönlichen Beziehungen. Man kennt sich, man schätzt sich – und man ist deswegen auch der Meinung, dass man geschäftlich gut miteinander kann. Das allerdings ist nicht automatisch der Fall. Deshalb ist es sinnvoll, geschäftliche Partnerschaften auf eine klare, nutzenorientierte, echt partnerschaftliche Basis zu stellen. Damit herrschen auf beiden Seiten realistische Erwartungshaltungen – und Rückschläge sind vermeidbar. Überall dort, wo EPU hauptsächlich auf Basis von Freundschaften miteinander kooperieren, ist die Gefahr hoch, dass auf Dauer einer der beiden Bereiche leidet: das Geschäft oder die Freundschaft. Oder beides.

Ich bin hier auch ein Freund des offenen Wortes und des ausgesprochenen Eigeninteresses: Machen Sie auf beiden Seiten transparent, was Ihr Nutzen aus der Partnerschaft sein soll. Was ist Ihr Ziel? Was können und wollen Sie auch für den anderen Partner einbringen? Nur zusammen zu arbeiten, weil man sich kennt oder nett sein will, ist zu wenig. Definieren Sie genau, auf welchen Grundpfeilern Ihre Partnerschaft aufgebaut ist, wer wofür Stütze ist und welche Wege darüber gemeinsam beschritten werden sollen. Eine solide Brücke hält auch dann, wenn sie belastet wird oder wenn sie den Naturgewalten – in unserem Fall den Marktentwicklungen – ausgesetzt ist.

Probezeit bestanden?

Wie man als *Unternehmen Freiheit* mit dem ersten Rückschlag umgeht, ist letztlich eine *Mindset*-Frage. In Angestellten-Kategorien gesprochen: Die Phase von der EPU-Gründung bis zum ersten Rückschlag ist die Probezeit für Ein-Personen-Unternehmen. An Ihrem Umgang mit dem Rückschlag bemisst sich, ob Sie den Sprung vom Angestellten zum Unternehmer wirklich geschafft haben – oder nicht. Wer rückfallgefährdet ist und zurück in die Unselbständigkeit will, der sollte sich eingestehen, dass er keine Unternehmerpersönlichkeit ist. Der Chor der Bedenkenträger steht bereits zur Begrüßung bereit („Warum hast Du Dir das angetan? Wir hätten Dir gleich sagen können, dass das nichts für Dich ist!"). Wer hingegen den ersten Rückschlag offensiv annimmt und sich jetzt erst recht ins Zeug wirft, der ist als Ein-Personen-Unternehmen an der richtigen Stelle. Der nützt die Erfahrungen des Rückschlags für die Vorbereitung der nächsten Heldentaten.
Sowohl in Krisenzeiten als auch nach einem Rückschlag trennt sich die Spreu sehr rasch vom Weizen. Es trennen sich jene, die nur selbst ständig arbeiten, von jenen, die wirklich unternehmerisch denken und handeln. Es trennen sich jene, die nur etwas „tun" von jenen, die etwas bewirken wollen. Es trennen sich jene, die ihre Energie aus einem Unternehmen beziehen, von jenen, die ihr eigenes Kraftwerk sind. Nach dem ersten Rückschlag ist der Punkt erreicht, wo man stolz sagen kann: Ich bin ein echtes Unternehmen mit Persönlichkeit. Ich lebe das *Unternehmen Freiheit*.

Die eigene Insel

Als *Unternehmen Freiheit* haben Sie sich Ihre eigene Insel erobert – und die erste Sturmflut überstanden. Als Angestellter waren Sie am Festland daheim, eingebettet in eine fixe und starre Struktur und in ein entsprechendes Netzwerk. Jetzt, mit Ihrer eigenen Insel, müssen Sie sich Ihre eigene Infrastruktur aufbauen. Dazu gehören Verbindungen zu anderen Inseln. Sie müssen die anderen Inseln besuchen und Kontakte aufbauen. Von allein kommt niemand auf Ihre Insel. Der Aufbau eines Netzwerkes ist besonders wichtig. Denn als Angestellter haben Sie vom Charisma des Unternehmens gelebt, für das Sie gearbeitet haben. Jetzt geht es darum, Ihr eigenes Charisma aufzubauen. Natürlich brauchen Sie auch einen Leuchtturm für Ihre Insel. Damit man Sie von anderen Inseln und vom Festland gut sehen kann. Was leuchten und anziehen muss, ist Ihre Unternehmerpersönlichkeit, Ihr Charisma. Mit starken Verbindungen und mit einer starken Unternehmerpersönlichkeit haben Sie die besten Voraussetzungen, um alle kommenden Rückschläge – und die werden kommen! – besser und problemloser bewältigen zu können.

Wer hilft?

Wer als Angestellter in einem Unternehmen mit Rückschlägen zu kämpfen hat, der hat in der Regel andere Kollegen zur Seite, die einem dabei – mehr oder weniger – helfen, den Rückschlag zu verarbeiten. Wen hat man aber als Ein-Personen-

Unternehmen? Natürlich kann ein Gespräch mit dem eigenen Mentor Sinn haben, sofern dieser über genug Distanz zur jeweiligen Causa verfügt. Allerdings meine ich: Als *Unternehmen Freiheit* sollte man dazu in der Lage sein, mit Rückschlägen und Niederlagen selbst umzugehen – und sich dieser Herausforderung auch allein stellen. Genauso, wie man den berühmten Jakobsweg am besten allein gehen sollte, weil man dann am meisten davon hat, genauso können Sie als Unternehmer den Umgang mit Krisen nicht an andere delegieren. Wer als Unternehmerpersönlichkeit die notwendige Energie für sein unternehmerisches Denken und Handeln mitbringt, wer sich für seine Leistungen begeistern und das auch vermitteln kann, der hat auch die mentale Stärke, um mit unternehmerischen Krisen umzugehen.

Keine Angst vor dem Erfolg

Viele interessante Unternehmensideen von EPU werden zurück ins Schneckenhaus geschickt, bevor sie noch das Licht der Selbständigkeit erblicken konnten – aus Angst vor dem Scheitern. Eine neue, moderne Kultur des Zutrauens, die das unternehmerische Experimentieren nicht stigmatisiert, ermöglicht es den Ein-Personen-Unternehmen, ihr individuelles Kapital chancenreicher einzusetzen. Mit unternehmerischen Garantieprodukten kommt man nicht weit. Besteht aber die Chance auf eine höhere Verzinsung des eigenen unternehmerischen Engagements, können wir tatsächlich mit einer Entfesslung des Unternehmertums rechnen – und das ohne soziale Folgeschäden.

Denn das Kapital, das der Ein-Personen-Unternehmer einsetzt, ist letztlich seine persönliche Reputation. Und es darf nicht länger sein, dass diese Reputation mit dem ersten Scheitern zerstört ist. Die Angst vor dem gesellschaftlichen Scheitern in Folge des Scheiterns als selbständig Tätiger ist eine der größten Gefahren für unternehmerisches Engagement. Sie blockiert viele *Entrepreneure*, die sich nicht trauen, die gesellschaftlich vorgegebene Sicherheitslinie zu überschreiten. Wer sich zum Risiko bekennt, der ist ein echter Unternehmer. Der hat auch vor seinem Erfolg keine Angst.

Tun oder bewirken?

- Arbeiten Sie selbst ständig – oder unternehmen Sie etwas?
- Tun Sie Dinge, oder bewirken Sie etwas?
- Sind Sie mental noch immer angestellt – oder ein Ein-Personen-Unternehmen?

Die nachfolgende Gegenüberstellung zeigt Ihnen, ob Sie die „Probezeit" als EPU erfolgreich bestanden haben.

Tun heißt:
Haare schneiden
Massieren
Buchhaltung machen
PR-Texte schreiben
Ein Seminar abhalten

Bewirken heißt:
Kunden schöner machen
Menschen ein gutes Körpergefühl geben
Klienten beim Steuersparen helfen
Kommunikation verbessern
Wertschöpfung jedes einzelnen Teilnehmers erhöhen

6 Sein EPU richtig führen

Warum für Ein-Personen-Unternehmen professionelle Leadership gefragt ist

Ein Ein-Personen-Unternehmen führen? Was soll man da schon führen?
Denken Sie auch so? Dann denken Sie um! Die meisten EPU vernachlässigen das Thema Führung sträflich. Dahinter steht noch immer die Auffassung, dass Führung etwas für Mitarbeiterinnen und Mitarbeiter ist. Und dass es bei einem EPU, das schließlich per definitionem keine Mitarbeiter hat, nichts zu führen gebe. Führung hat aber in Wirklichkeit mit der Zahl an Mitarbeiterinnen und Mitarbeitern gar nichts zu tun. Im Gegenteil: Ein Ein-Personen-Unternehmer muss nicht am wenigsten, sondern am meisten führen.

Die Grenzen des Delegierens

Als Unternehmer gibt es für Sie zunächst sehr enge Grenzen des Delegierens. Folgende Führungsaufgaben können und dürfen Sie nicht delegieren:
Persönlichkeit und Strahlkraft: Sie sind Ihre Marke. Ihre Persönlichkeit vermittelt dem Unternehmen Charakter. In jeder Hinsicht. Das müssen Sie selbst sicherstellen.

Verkaufsorientierung: Sie sind Ihr zentraler Verkäufer (neben Ihren Kunden). Das müssen Sie können und mögen. Der Wille und die Fähigkeit zum Verkauf ist nicht delegierbar.

Prioritätenmanagement: Niemand setzt für Sie Prioritäten. Das müssen Sie also selbst erledigen. Bewusst. Schriftlich. Konsequent. Sonst plätschert ihr Bächlein dahin – und wird nie ein kräftiger Fluss.

Präsentations- und Begeisterungsfähigkeit: Sie Präsentieren. Entweder Sie begeistern – oder Ihr Unternehmen wird nicht wahrgenommen. Wichtig: Jedes persönliche Gespräch ist eine Form der Präsentation.

Networking: Das müssen Sie mögen und können. Investieren Sie dafür ausreichend Aufmerksamkeit. Sonst sind Sie ein Grashalm, der nicht gesehen wird.

Direkter Kundenkontakt: Der persönliche und permanente Kundenkontakt ist nicht delegierbar. Lenken Sie Ihre volle Aufmerksamkeit dorthin. Sie haben keine TV- oder Radiowerbung, die Ihr Image kreieren und verstärken. Sie haben direkten Kundenkontakt. Das ist sowohl Chance als auch proaktive Aufgabe.

Extraversion: Als *Unternehmen Freiheit* müssen Sie auf Menschen zugehen können und dies auch wollen. Das kann Ihnen niemand abnehmen.

Selbstbewusstsein: Als Unternehmer leben Sie nicht im Schneckenhaus. Trauen Sie sich auf den Gipfel. Nirgends scheint die Sonne früher und länger als auf dem Gipfel. Im Tal weht zwar kein Wind, und Sie sind geschützt vor Sturm, aber es fehlen einzigartige Perspektiven.

Welche dieser acht Faktoren sind bei Ihnen besonders gut ausgeprägt? Welche weniger? Hier müssen Sie ansetzen. Denn sie bestimmen direkt über Ihren Erfolg. Dafür werden Sie gekauft – oder auch nicht. Nehmen Sie sich für Ihre Weiterentwicklung und für Coaching Zeit. Suchen Sie dafür keine Allerweltsseminare, sondern gezielte und fokussierte Weiterentwicklung. Es gibt viel an ineffektiver Weiterbildung, und wenig an gezielter – aber die brauchen Sie! Das ist eine kluge Investition. Denn alles andere können Sie delegieren – an Partner, Lieferanten – oder terminisieren. Lassen Sie sich von den reinen Support-Aufgaben nicht die Zeit stehlen. Sie sind Gift für den Erfolg Ihres *Unternehmens Freiheit*.

Was ist Führung?

Die Führung eines Unternehmens ist nicht gleichzusetzen mit Managementtechniken. Führung heißt, andere Menschen motivieren und überzeugen, aber auch Stärken richtig einsetzen zu können. Führung heißt, Lösungsbeiträge zu kommunizieren und Identifikation zu ermöglichen. Diese Führungsaufgaben muss ein Ein-Personen-Unternehmer in hohem Maß erfüllen: Es geht darum, Kunden, Lieferanten, Partner und natürlich auch sich selbst zu führen. Das ist auch deshalb wichtig, weil einem als EPU keine Unternehmensstrukturen zur Verfügung stehen, die es erlauben, *Leadership* zu delegieren. Für EPU ist *Leadership* unteilbar. Alle für den Unternehmenserfolg relevanten Personen müssen professionell geführt werden: Kunden, Lieferanten, Partner und die eigene Unternehmerpersönlichkeit.

Führung heißt konkret:

- Eine Vision haben, und diese persönlich zum Strahlen bringen – das ist der zentrale Auftrag für jedes *Unternehmen Freiheit!*
- Diese Vision durch und mit der eigenen Persönlichkeit vermitteln, lebendig und für den Kunden spürbar machen – das ist für den Unternehmer noch wichtiger als für den Manager eines großen Unternehmens!
- Durch die eigene Begeisterung für seine Leistung und sein Unternehmen für Partner, Kunden und Lieferanten die absolute Identifikation damit deutlich zu machen!
- Die eigenen Kernkompetenzen klar zu fokussieren, den Kompetenzwert herauszuarbeiten sowie Supportkompetenzen zu definieren, die im Unterschied zu Unternehmen nicht an Mitarbeiter, sondern an Lieferanten – oder bei dauerhaft zu erbringenden Leistungen an Partner – zu vergeben!
- Die eigenen Stärken transparent zu machen und die Schwächen outzusourcen – sofern es sich dabei um zentrale Kernkomeptenzen handeln sollte, sind diese für sich selbst und an sich selbst zu entwickeln!

Das ist Führung, das ist *Leadership* in großen Unternehmen. Im *Unternehmen Freiheit* ist das nicht anders.

Sich selbst richtig führen

Beginnen Sie bei sich selbst. Selbstführung ist die wichtigste Herausforderung für einen Ein-Personen-Unternehmer. Sie ist die unternehmerische Ur-Kompetenz. Die muss in verschiedenen Bereichen zum Tragen kommen. In der Frage, was die Ziele und Kernstärken des EPU sind. Auf die muss man stark fokussieren, denn deretwegen wird man auf dem Markt gekauft. Führung ist aber genauso bei den Erfolgsfaktoren Qualität und Verkaufsorientierung wichtig. Ich fasse diese Herausforderungen im strategischen EPU-Führungsdreieck mit den Eckpunkten Zielorientierung, Qualitätsorientierung, Verkaufsorientierung zusammen:

Zielorientierung markiert als *Leadership*-Prinzip den Abschied vom reinen Tun und bedeutet, sich in seinem unternehmerischen Denken und Handeln auf seine unternehmensstrategischen Ziele zu konzentrieren – und sich nicht in Nebenzielen oder Tätigkeiten zu verlieren. Führung ist der Weg, um Ziele zu erreichen.

Qualitätsorientierung ist der zweite erfolgsentscheidende Führungsfaktor. Die Steigerung der Qualität der eigenen Produkte oder Dienstleistungen passiert nicht von selbst, sie ist Ergebnis von entsprechender *Leadership*. Qualität ist gegenüber den Kunden der Erfolgsfaktor schlechthin. Alles muss eine qualitätsvolle Anmutung haben. Dafür müssen Sie sich Zeit nehmen. Alles, was Sie täglich nach außen tragen, muss von Qualität gekennzeichnet sein. Fragen Sie sich immer: Trägt das, was ich heute nach Außen gebracht habe, Qualität oder hat zumindest eine qualitätsvolle Anmutung?

Verkaufsorientierung ist die dritte entscheidende Führungsqualität, denn die besten Produkte oder Dienstleistungen nützen nichts, wenn sie im stillen EPU-Kämmerlein produziert werden. „Ich will nicht verkaufen": Diese Haltung darf man als EPU nicht haben, denn man lebt vom Verkauf. Die Selbstführung in Richtung stärkerer Verkaufsorientierung ermöglicht es, die unternehmerischen Ziele mit hochwertiger Qualität bestmöglich zu erreichen. Alles, was Sie tun, muss eine Auswirkung auf den Kunden und Ihren Verkauf haben. Wie stark ist Ihr Fokus auf den Kunden tatsächlich?

Das strategische EPU-Dreieck ist eine gute Grundlage für die erfolgreiche Führung des eigenen Unternehmens. Die Integration von Zielorientierung, Qualitätsorientierung und Verkaufsorientierung sichert die wichtige *Leadership* in eigener Sache. Ziele, Qualität, Verkauf – das sind die Leitsterne, die Sie als EPU auf Ihrer Heldenreise führen sollten. Das strategische Führungsdreieck soll Ihr täglicher Kompass sein: Welcher prozentuelle Anteil meiner Tagesarbeit ist auf Wirkung fokussiert? Wie viel auf Qualitätsentwicklung und wie viel auf den Verkauf? Lassen Sie den gestrigen Tag anhand dieser Kriterien Revue passieren – und lernen Sie daraus für morgen!

Entscheidend bei der erfolgreichen Selbstführung ist es, die richtigen Prioritäten zu definieren. Wer in einem großen Unternehmen tätig ist, dem wird von Führungskräften vorgegeben, was Priorität hat – und was nicht. Die entscheidende Frage ist also: Nach welchen Kriterien setzt man als EPU die Prioritäten? Dafür ist es oft notwendig, viele Für und Wider abzuwägen. Als EPU ist man in einem Diskussionsprozess mit sich selbst, wenn es um die Prioritäten geht – da stehen kein Moderator und auch keine andere Person zur Verfügung. Folgende Faktoren sollen Sie bei Ihren Entscheidungsprozessen beachten, wobei die Bezugsgröße immer der Output in Form des Erfolgs für den Kunden und für Ihr Unternehmen ist. Denn klar ist: Geht es Ihrem Kunden durch Ihre Leistung gut, geht es auch Ihnen gut.

Relevanzorientierung ist der erste Erfolgsfaktor für Ihren persönlichen Selbstführungsalltag. Ist das, was Sie gerade tun, wirklich relevant? Das *Keyword* ist dabei natürlich das Wort „wirklich". Sie müssen sich immer wieder fragen, ob Ihre Aktivitäten wirklich für den Geschäftserfolg relevant sind. Was nicht relevant ist, dafür sollten Sie als EPU keine Zeit verschwenden. Was haben Sie heute wirklich Relevantes für den Erfolg getan?

Wachstumsorientierung ist ein zweites wichtiges Prinzip bei der Selbstführung. Orientieren Sie sich bei Ihrer Prioritätensetzung daran, was dem Wachstumsprozess des Unternehmens nützt. Die Wachstumsorientierung ist der Fokus, unter dem unternehmerische Entscheidungen zu treffen sind. Wenden Sie nicht Zeit für Nebengeschäfte auf, investieren Sie Ihre Zeit dort hinein, wo Wachstum zu erwarten ist. Wie viel Zeit wenden Sie wirklich für Wachstum auf?

Lösungsorientierung ist das Um und Auf bei der Prioritätensetzung. Kunden wollen keine Diskussionsstände übermittelt bekommen, sondern konkrete Lösungen. Das bedeutet: Es geht um konkrete Maßnahmen. Führen Sie daher Diskussionen mit sich selbst über Prioritäten im Hinblick auf zu ergreifende Maßnahmen. Was muss ganz konkret passieren? Selbstführung muss in klare Maßnahmen münden. Setzen Sie sich für Entscheidungen und operative Schritte genaue *Deadlines*. Verpflichten Sie sich selbst dazu, Leistungen in bestimmten Zeiträumen zu erbringen. Wie viel Zeit gibt es wofür? Kontrollieren Sie sich selbst. Selbstführung verhindert es, dass man Dinge auf den Sankt Nimmerleinstag aufschiebt. Führen Sie sich lösungsorientiert genug?

Schlüsselthema „Personal Power"

Zeitmanagement ist in Sachen Selbstführung ohnehin ein zentraler Faktor. Stehlen Sie sich nicht selbst die Zeit durch Tätigkeiten, die nicht wichtig und auch nicht dringend sind. Und nehmen Sie sich im Gegenteil die Zeit, die Sie für Ihre *Personal Power* brauchen. Das Thema *Personal Balancepower* ist für ein EPU ein echtes Schlüsselthema. Denn wenn Sie zu einem Geschäftstermin müde und abgespannt daherkommen, dann ist Ihr Unternehmen müde und abgespannt. Mentale und körperliche Fitness ist für EPU ein absolutes Muss. Wer seine mentale Fitness einbüßt, verliert an Charisma und Begeisterungsfähigkeit. Und damit in der Folge potenzielle Kunden. Denn welcher Kunde engagiert schon gern einen Unternehmer, der einen ausgebrannten Eindruck macht, der überfordert wirkt, der getrieben scheint – weil er zu viel oder zu wenig zu tun hat. Als EPU muss man seine Leidenschaft für das eigene Unternehmen auch ausstrahlen und kommunizieren können – und das funktioniert nur, wenn die *Personal Power* stimmt. Überall dort, wo sie fehlt, geht einem jenes Quantum Motivation und Strahlkraft ab, auf das es beim Verkauf ankommt. Es ist für EPU wichtig, die *Personal Balance* als Teil der Führungsarbeit in eigener Sache zu begreifen. Die wichtigste Ressource für das *Unternehmen Freiheit* sind schließlich Sie selbst. Alles an Ihnen kommuniziert. Unbewusst. Ihr Gesicht ist Ihr Image. Ihre Persönlichkeit ist die Persönlichkeit des *Unternehmens Freiheit*. Ihr Erfolg ist an Ihnen sichtbar.

Lieferanten richtig führen

Führungskraft ist aber auch in Richtung Lieferanten und Partner gefordert. Das gilt vor allem für Einzelprojekte, die zu erledigen sind. Denn klar ist: Als EPU muss man sich auf seine Kernkompetenzen konzentrieren. Natürlich gibt es Leistungen und Tätigkeiten, die man für den Erfolg des eigenen Unternehmens braucht, die man aber von anderen Unternehmen beziehen muss. Solche Leistungen sind etwa die Gestaltung und Wartung der eigenen Website, PR-Aktivitäten, Marketing oder Buchhaltung. Als EPU ist man oft in der Situation, mehrere Lieferanten zu haben. Damit diese für das eigene EPU die beste Leistung bringen, ist kluge Führung notwendig. Lieferanten gehören geführt und motiviert. Schließlich identifizieren sie sich vorab nicht mit Ihrem EPU. Diese Identifikation und die damit verbundene Leistungsqualität zu erreichen, ist Ihre Führungsaufgabe als EPU. Gute Lieferanten sind für Ihr EPU ein wichtiger Erfolgsfaktor und eine wichtige Zukunftsversicherung. Gute Lieferanten brauchen eine gute Führung durch Sie. Gute Lieferanten sind natürlich auch die Grundlage für kluges Delegieren. Sie dürfen als EPU nicht alles selbst machen. Wichtig ist, dass sie auf ihrer Heldenreise immer das Steuer in der

Hand haben. Rudern können auch andere. Es ist wichtig, dass Sie Ihren Lieferanten klare Ziele vorgeben. Es geht zum Beispiel nicht um eine neue Homepage für Sie, es geht um eine optimierte Kundenkommunikation auf Basis Ihrer Unternehmensidentität. Sinnstiftende Zielvorgaben an Lieferanten fordern und fördern deren Identifikation mit Ihrem EPU und seinen Zielen. Warum ist die Leistung XY so wichtig? Was genau ist dafür zu tun? Ist Ihr Briefing gut genug?

Partner richtig führen

Eine besondere Führungsaufgabe stellt sich dann, wenn Ihre Lieferanten mehr sind als Lieferanten – wenn sie Partner sind. Ein wichtiger Bereich sind dauerhafte Support-Aufgaben, wie etwa Ihre EDV, Recherchearbeiten, Marktbeobachtung, Administration, Kunden- und Datenverwaltung sowie -aufbereitung oder Werbung. Dafür brauchen Sie ein verlässliches, kompetentes und auch zu Ihnen als Person passendes Partner-Netzwerk. Listen Sie ihre wichtigen dauerhaften Support-Aufgaben auf der einen Seite und Ihre verlässlichen Partner oder Alternativen dazu auf der anderen Seite auf. Das ist wichtig. So haben Sie auch immer potenzielle Alternativen für diese Aufgaben im Köcher – und bleiben in der Gestalterrolle.

Partner sind aber auch andere Unternehmen beziehungsweise EPU, die Ihnen nicht bloß bestimmte Leistungen dauerhaft zuliefern, sondern einen Teil Ihrer Leistungserbringungen ausmachen. Viele EPU fühlen sich durch Partnerschaften mit anderen EPU auf dem Markt sicherer und erwarten sich davon neue Chancen. Das ist insbesondere dann der Fall, wenn zwischen den Leistungen von EPU sinnvolle geschäftliche Zusammenhänge bestehen. Es hat für einen Masseur Sinn, mit einem Physiotherapeuten eine Partnerschaft einzugehen. Es hat für einen Grafiker Sinn, mit einem PR-Texter eine Partnerschaft einzugehen. Es hat für einen Kommunikationsberater Sinn, eine Partnerschaft mit einem Unternehmensberater einzugehen.

Aber immer gilt: Solche Partnerschaften führen sich nicht von selbst, sie müssen geführt werden, um erfolgreich zu sein. Damit Sie eine Partnerschaft richtig führen können, ist ein kompetenzorientierter Ansatz empfehlenswert: Nicht die persönliche Beziehung zu einem anderen EPU, sondern eine klare Aufgabenteilung steht dabei im Mittelpunkt. Ihr EPU-Partner hat in der Partnerschaft Sekundäraufgaben zu erfüllen, die Ihre Kernkompetenzen ergänzen. Um das zu erreichen, müssen Sie den Partner motivieren, präzise *Briefings* geben, den Leistungsbeitrag klar definieren und spezifische Aufgaben delegieren. Vor allem aber: Sie müssen klare Zielbilder formulieren. Welche Qualitäten sollen am Ende eines gemeinsamen Projektes stehen? Was soll das Ergebnis sein – und wer leistet welchen Beitrag dazu?

Je mehr solche Partner Sie haben, desto höher ist der Führungsaufwand. Hier zeigt sich, wie wichtig es ist, zwischen Geschäftspartnern und Freunden zu unterscheiden – und warum es meist keine gute Idee ist, aus Freunden Geschäftspartner machen zu wollen. Denn Freunde führen zu wollen bedeutet sehr oft das Ende einer Freundschaft.

Kunden richtig führen

Eine zentrale Führungsaufgabe für Sie als EPU liegt in der Kundenführung. Dabei geht es um eine Leistung, die Ihre Kunden als besondere Dienstleistungsqualität empfinden müssen. Kundenführung heißt nicht, die Kunden zu belehren, sondern sie zu begeistern. Von der eigenen Leistungsqualität als EPU. Ihre Kunden haben Ihre volle Aufmerksamkeit verdient – und sie müssen sie auch jederzeit spüren. Sie sollten jederzeit erreichbar sein, flexible und spezielle Lösungen anbieten können, einen vertrauensvollen persönlichen Kontakt pflegen. Halten Sie daher möglichst oft Kontakt mit Kunden – nicht über eine Standardaussendung, sondern persönlich. Denn auf die Markenqualität Ihrer Persönlichkeit kommt es an.

Diese Form der Kundenführung hat das Ziel, Ihr EPU weiter erfolgreich zu machen. Denn Ihre Kunden sind in Wirklichkeit Ihre Vertriebsabteilung. Sie sind die günstigsten und ehrlichsten Verkäufer Ihrer Leistungen auf dem Markt. Die Empfehlungen Ihrer Kunden, Ihre Dienstleistungen oder Produkte in Anspruch zu nehmen, sind Goldes wert. Das ist der beste Weg für Sie als EPU, um zu neuen attraktiven Kunden zu kommen. Und deshalb sollten Ihre Kunden auch spüren, dass sie Ihnen als Referenz wichtig sind. Die Netzwerke und Kontakte Ihrer Kunden sind Ihr Markt. Das ermöglicht es Ihnen, Ihr Business auf einem ganz anderen Niveau zu betreiben.

Wenn Sie als EPU bei einem Unternehmen anrufen, um „kalt" zu akquirieren, sind Sie einer von hunderten Bittstellern. Wenn Sie als EPU bei einem Unternehmen auf Basis einer Empfeh-

lung anrufen – oder, noch besser: bei Ihnen aufgrund der Empfehlung Ihres Kunden angerufen wird –, dann sind Sie ein interessanter Anbieter und Geschäftspartner. Und das macht den Unterschied. Daher ist es nicht Ausdruck von untertäniger Dienstfertigkeit, für seine Kunden immer da zu sein und Ihnen ehrliche Wertschätzung entgegen zu bringen, sondern es ist Ausdruck einer intelligenten Kundenführung. Seine Kunden führen kann nur, wer sie auch wertschätzt: Ist das nicht der Fall, dann ist die Gestaltung Ihres Kundenverhältnisses pure Sozialtechnik. Und die ist durchschaubar, entlarvbar und wertlos. Für Ihre Kunden, aber auch für Sie. Denn Kunden, die sich nur scheinbar gut betreut fühlen, empfehlen Sie auch nur scheinbar weiter.
Kunden können aber auch die eigene Führung unterstützen. Sie sind die wichtigsten Berater eines EPU. Wer in direktem Dialog mit dem Kunden ist, erhält qualifizierte Rückmeldungen. Meine Erfahrungen zeigen: Kunden machen das meist sehr gerne. Sie ermöglichen einem damit eine echte Außenwahrnehmung, die wichtig für die weitere Führung des eigenen EPU ist.

Der Kunde als stärkster Erfolgspartner

Die größte Stärke Ihres *Unternehmens Freiheit* ist Ihr Kunde. Ihre Flexibilität macht ihn erfolgreich. Seine Begeisterung über Ihre Leistungen sichert Ihren Erfolg. Diese Erfolgspartnerschaft ist unschlagbar. Damit Sie optimal davon profitieren können, beachten Sie bitte bei der Gestaltung Ihrer Kundenbeziehung folgende Prinzipien:

- In Ihrem *Mindset* muss der Kunde die volle Aufmerksamkeit haben. Machen Sie sich immer Gedanken über Ihren Kunden und dessen Bedürfnisse – und was Sie dafür tun können. Nicht Prozesse, nicht die Beschäftigung mit sich selbst, sondern mit dem Kunden muss Ihre Tagesabläufe prägen.
- Der Kunde ist Ihr zentraler Innovationsmotor. Machen Sie Ihre Kunden zu Ihrer Innovationsabteilung, indem Sie viel mit ihnen über ihre Ziele und Bedürfnisse reden, die andere Anbieter nicht erfüllen können.
- Ihr Kunde ist Ihr wichtigster Verkäufer – Ihre „Vertriebsabteilung". Begeistern Sie Ihre Kunden. Ein nur durchschnittlich zufriedener Kunde wird nicht Verkäufer sein. Nutzen Sie das Netzwerk Ihrer Kunden, um zu neuen Kunden zu kommen. Niemand anderer ist glaubwürdiger als Verkäufer Ihrer Leistungen als Ihr begeisterter Kunde.
- Ihr Kunde ist Ihr zentraler Berater. Fragen Sie Ihre Kunden, was Sie an Ihnen und an Ihrem Unternehmen besonders schätzen, warum sie Sie beauftragen und welches Image Sie haben. Nutzen Sie das für Ihre strategische Weiterentwicklung.
- Ihr Kunde kann auch Mentor sein. Je intensiver ich mit ausgewählten Kunden über meine Unternehmensentwicklung gesprochen habe, desto bedeutsamer waren diese als persönliche Mentoren. Wer aus Ihrem Kundennetzwerk kann ein Mentor für Sie sein?
- Ihr Kunde ist Ihr „Raster" für Ihr Zeitmanagement. Überlegen Sie sich, wie viel Aufmerksamkeit Ihren Kunden gilt,

wie viel Zeit Sie internen Prozessen widmen und wie viel Zeit Sie mit „Selbstbeschäftigung" verwenden! Machen Sie viermal im Jahr strategische *Meetings*, aber achten Sie darauf, dass Sie jeden Tag viel für Ihre Kunden tun.

Führen ist Kommunikation

Die hier kurz angeführten Handlungsfelder zeigen, dass Führung für EPU sehr wesentlich auf strategischer Fokussierung und auf Kommunikation beruht. Der Kommunikationsaufwand für EPU in der Führung von Lieferanten, Partnern und Kunden ist sehr hoch. *Personality Leadership* braucht daher entsprechende Kommunikationskompetenz. Wer sich und seine Ziele nicht mitteilen kann, muss dies lernen. Wer eine große Reise tut, und dafür Mitstreiter gewinnen will, muss diese für das Abenteuer begeistern können. Nur dann ist gesichert, dass er das Unternehmen erfolgreich führt.

Kein Unterschied zwischen Groß und Klein

Scheuen Sie sich als EPU nicht davor, das Management Ihres Unternehmens analog zu den Managementagenden in großen Unternehmen zu analysieren. Für die EPU-Führung und die Führung eines großen Unternehmens gelten die gleichen Grundsätze. Im Innenverhältnis sind dies:

- Resultatorientierung
- Konzentration auf die Kernkompetenzen
- Für Zulieferungen tragfähige Partnerschaften etablieren

- Innovationen mit und anhand der Kunden entwickeln
- Vertrauen gegenüber Partnern auf Basis klarer Zielbilder schaffen
- Strategie konsequent verfolgen
- Strategie von Operativem klar trennen

Im Außenverhältnis gilt für EPU wie für große Unternehmen:
- Konkrete Zielbilder und Qualitäten formulieren
- Identifikation gegenüber Partnern stiften
- Kunden entwickeln, fördern und binden

Daher gilt: Führen Sie Ihr EPU professionell, überzeugt und mit Begeisterung. Ihre Kunden merken den Unterschied schnell.

Service

Dos & Donts der Führung

Wichtige Führungsprinzipien für EPU auf einen Blick:

- Bekennen Sie sich zu Führung – warten Sie als EPU nicht auf die Anordnungen anderer.
- Führen Sie sich selbst. Nehmen Sie sich dafür Zeit, Ziele und Umsetzung Ihres EPU auf den Prüfstand zu stellen. EPU brauchen sehr viel Reflexionsleistung, weil ihnen enge Business-Partner dazu fehlen. Nehmen Sie sich dreimal im Jahr bewusst eine Auszeit mit einem Coach oder Mentor, um Ihr Unternehmen aus der Vogelperspektive zu betrachten.
- Nach Abschluss dieses Prozesses bringen Sie Ihre Strategie dann operativ auf den Boden.
- Führen Sie sich selbst, indem Sie hauptsächlich an Ihren Stärken arbeiten. Der Rest wird gemanagt und vergeben. Dafür ist die professionelle Führung der Lieferanten und Partner wichtig. Kommunizieren Sie Ihren Partnern klar, welche Beiträge Sie leisten und klären Sie eine gute Nahtstellenkommunikation. Das „entrümpelt", setzt zeitliche Ressourcen für Sie frei, damit Sie Ihre Kompetenzen strategisch weiterentwickeln können.
- Seien Sie zu Ihren Partnern, Lieferanten und Kunden niemals unverbindlich. Nur Verbindlichkeit verbindet auf Dauer.

- Definieren Sie klar die Rollen und Verantwortlichkeiten von Partnern und Lieferanten – Unklarheit schafft Unsicherheit und damit das Gegenteil von Führung.
- Machen Sie Ihre Freunde nicht deshalb zu Partnern, weil sie gute Freunde sind – Freunde sollte man nicht führen.
- Die Führung zu vieler loser Vertriebspartner bindet zu viele Ressourcen – investieren Sie mehr Zeit in Ihre Kunden.
- Führen Sie Ihren Ruf – das Managen Ihrer Reputation ist eine wichtige Führungsaufgabe. Wo und wie Sie auftreten, das verrät viel über Sie und Ihr Unternehmen. Umgeben Sie sich mit guten und etablierten Unternehmern und Partnern. Partner müssen Sie aufwerten. Der Außenauftritt ist entscheidend. Der Erstkontakt mit Kunden muss Sie aufwerten. Weg mit allem, was Sie nicht aufwertet.
- Führen Sie mit Symbolen. Alles kommuniziert – Website, Insignien, Outfit. Machen Sie sich bewusst, was Sie damit kommunizieren, übertreiben Sie aber nicht. Es geht um gezielte Kommunikation und Präsenz. Kommunizieren Sie, mit welcher Begeisterung und Freude Sie unternehmerisch tätig sind.
- Führen Sie Ihre Kunden dadurch, dass Sie immer einen Schritt voraus sind. Machen Sie das bei jedem Kontakt erlebbar. Informieren Sie Ihre Kunden laufend, bleiben Sie im Gespräch, vermitteln Sie ihnen, dass Sie vordenken, ihnen Zeit sparen und ihnen ihr Leben erleichtern.
- Führen Sie Ihre Kunden durch Konsequenz. Wer sein

Fähnchen immer wieder nach dem Wind hängt, wird sich schwer tun, ein verlässliches Profil zu bekommen.

- Führen Sie Ihr EPU zu Innovationskraft. Sie haben keine Forschungsabteilung, aber Sie haben den direkten Draht zum Kunden. Näher als Sie ist niemand am Kunden dran. Das ist die Basis für praxistaugliche Innovationen.

Setzen Sie Ihr Kompetenzpuzzle richtig zusammen!

Damit Sie als EPU die volle *Performance* bringen können, müssen Sie sicherstellen, dass Ihre Kernkompetenzen durch Sekundärkompetenzen von Lieferanten und Partnern ergänzt werden. Machen Sie eine Skizze, notieren Sie im Kernbereich Ihre Kernkompetenz und fügen Sie in den anderen Feldern die Sekundärkompetenzen ein, die für Ihr EPU wichtig sind. Überlegen Sie, wer die damit verbundenen Leistungen erfüllen kann.

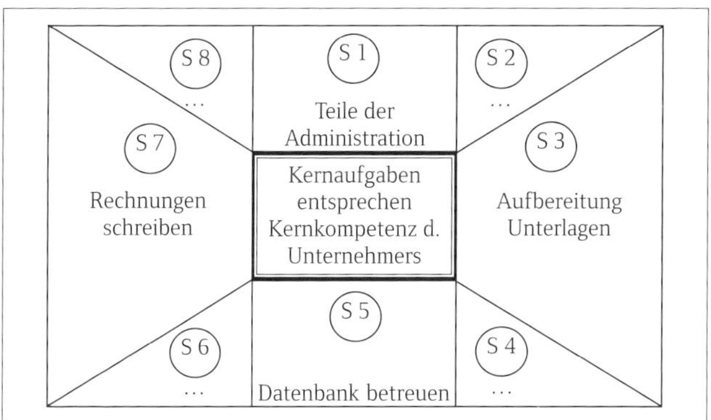

Partnerschaften richtig entwickeln

Das Entwickeln von Partnerschaften erfordert Strategie und Zielorientierung. Achten Sie bei der Partnerschaftsentwicklung auf die unterschiedlichen Typen von Partnerschaften und die damit verbundenen Konsequenzen:

Additive Partnerschaft: Diese Partner haben additive Kompetenzen zu Ihrem Profil. Mit ihnen können Sie eine größere Gesamtleistung anbieten (als Netzwerk oder ARGE). Ein Beispiel für eine additive Partnerschaft ist jene zwischen einem Markenentwickler und einem Grafiker. Der Grafiker beginnt mit seiner Arbeit dort, wo der Markenentwickler aufhört. Von welchem Unternehmen können Sie ein additiver Partner sein?

Komplementäre Partnerschaft: Bei einer ergänzenden Form der Partnerschaft ist es möglich, ein breiteres Spektrum an Leistungen abzudecken (z.B. Rechts- und Wirtschaftsberatung, PR-Unternehmer und Rhetorik-Trainer). Hier sind ein professionelles Nahtstellenmanagement und ein gemeinsames Grundverständnis der Arbeit besonders wichtig. Der Kunde soll ein einheitliches Produkt wahrnehmen können. Für wen können Sie komplementäre Partner sein? Wer kann von Ihrer Leistung komplementärer Partner sein?

Konvergierende Partnerschaft: Diese Partnerschaft verbindet Unternehmen, welche die gleiche Leistung anbieten. Auf diese Weise kann man – besonders wichtig für EPU – größere Kapazitäten bereitstellen und größere Auftragsvolumina lukrieren. Wichtig bei dieser Partnerschaft: Prüfen Sie Ihre Partner genau. Sonst ist der Partner mit Ihrem Kunden flügge.

Gute Prüfung, klare Vereinbarung, klare Abgrenzung – das sind die Erfolgsfaktoren. Klären Sie, unter welcher Marke Sie gemeinsam auftreten und wer welche Funktion gegenüber dem Kunden übernimmt. Wem vertrauen Sie für eine solche Form der Partnerschaft?
Für jede Form der Partnerschaft sollten Sie folgende Punkte klar darstellen können:

- Worin konkret liegt meine Kernstärke?
- Was ist meine zentrale Botschaft für den Markt?
- Warum kaufen mich meine derzeitigen Kunden?
- Was ist meine zentrale Vision als *Unternehmen Freiheit?*
- Was sind meine zentralen fünf Werte, für die ich stehe und die mein Unternehmen nach außen kommunizieren soll?
- Was ist meine konkrete Zielqualität für meinen Kunden?
- Was dürfen wir auf keinen Fall kommunizieren?
- Zu welchen Schritten während der Auftragserfüllung will ich von wem genau eine Initiative in der Kommunikation?
- Woran messe ich den Erfolg in unserer Zusammenarbeit?

Gehen Sie diese Fragen gemeinsam mit Ihrem Partner durch. Klare Antworten sind der beste Schutz vor Missverständnissen.

Investieren Sie Ihre Zeit richtig?

Als EPU muss man besonders genau darauf achten, wie viel Zeit man wofür verwendet. Zeitmanagement ist eine wichtige Dimension der Führung des eigenen Unternehmens. Auch wenn es schwer fällt: Für die zentralen Aufgaben im Unternehmen sollte man sich bestimmte Zeitbudgets reservieren und im Terminkalender festschreiben. Planen Sie gut Ihre Zeit, damit Sie mehr davon haben. Beurteilen Sie bitte regelmäßig im Wochenrückblick, ob ihre Zeitverteilung (auf Basis einer 50-Stunden-Woche) stimmt.

Operatives Geschäft: Dafür sollten Sie bis zu 70 Prozent Ihrer Wochenarbeitszeit verwenden (35 Stunden).

Akquisition: Für die Akquisition neuer Aufträge und den Verkauf sollten Sie mindestens zehn Prozent Ihrer Wochenarbeitszeit verwenden (5 Stunden).

Optimierung: Für die Weiterentwicklung der Qualität Ihrer Dienstleistungen oder Produkte sollten Sie mindestens fünf Prozent Ihrer Wochenarbeitszeit verwenden (2,5 Stunden).

Personal Power: Für Ihre *Personal Power* (Fitness, Gesundheit, mentale Stärke, Coaching) sollten Sie mindestens fünf Prozent Ihrer Wochenarbeitszeit verwenden (2,5 Stunden). Das ist für das *Unternehmen Freiheit* wichtig. Es ist Teil Ihrer Arbeitszeit, sich Zeit für die persönliche Balance zu nehmen. Für ihre Gesundheit, für Ihre Fitness, für Ihre mentale Entwicklung. Das zentrale Kapital, die wichtigste Ressource sind Sie selbst. Verlieren Sie an Gesundheit, an Spaß, an Ausgeglichenheit, an Freude, dann verlieren Sie ihr wichtigstes Kapital. Daher: Investieren Sie bewusst in Ihre Substanz. Es ist die Substanz für ihren dauerhaften Erfolg. Unabhängig davon, was Sie in Ihrer Freizeit sonst und ergänzend dazu beitragen.

Frei-Zeit: Halten Sie sich mindestens zehn Prozent Ihrer Wochenarbeitszeit (5 Stunden) komplett frei. Was Sie damit machen, ist Ihre Sache. Sie brauchen als EPU zeitlichen Freiraum für Ihr Business, der aber keine Freizeit für private Angelegenheiten ist. Diese Frei-Zeit steht für jenen Teil Ihrer Zeit, in dem Sie sich nach unternehmerischer Lust und Laune in bestimmte Dinge und Themen vertiefen können. Es ist aber Frei-Zeit für ihr Business. Freizeit ist danach – und hat mit dem Business und dem *Unternehmen Freiheit* dann nichts zu tun.

Was ist wichtig und dringend?

Als EPU prasseln tagtäglich zahlreiche Aufgaben auf Sie nieder. Damit Sie Ihr Unternehmen trotzdem richtig führen können, müssen Sie lernen, besonders Wichtiges von weniger Wichtigem und besonders Dringendes von weniger Dringendem unterscheiden zu können. So gewinnen Sie an Effektivität und Erfolgsorientierung. Der nachstehende Raster hilft Ihnen dabei. Beachten Sie bitte folgende Priorisierungsregeln:
Wichtig vor dringend: Das besonders Dringende hat nicht Vorrang vor dem besonders Wichtigen. Stellen Sie sich bei jeder Aufgabe die Frage: Ist sie besonders wichtig für den Unternehmenserfolg? Erledigen Sie besonders Wichtiges in Bezug auf Ihren Erfolg zuerst! Es handelt sich dabei um Ihr Kerngeschäft – davon hängt Ihr Erfolg ab.
Nicht besonders dringend? Sofort terminisieren: Bis wann wird diese Aufgabe erledigt sein? Für Aufgaben, die weniger wichtig und besonders dringend sind, dafür haben Sie die Partner, an die sie das gewohnt verlässlich delegieren können. Jetzt bleiben noch die Aufgaben, die in Bezug auf den Erfolg weder wichtig noch dringend sind. Streichen Sie diese sofort. Ab in den Papierkorb. Weg aus Ihrem Gedächtnis. Das lenkt Sie nur

ab und belastet. Konzentrieren Sie sich auf das wirklich Wesentliche!

Aktiv vor passiv: Als *Unternehmen Freiheit* müssen Sie agieren statt re-agieren. Wenn Sie das Gefühl haben, zu viel getrieben zu sein, dann wenden Sie das – Sie bestimmen die Energie und die Aktivität.

Diese Regeln können Sie in folgende Planungs-Horizonte einfließen lassen:

➛ Jahresplanung
➛ ➛ Monatsplanung
➛ ➛ ➛ Wochenplanung
➛ ➛ ➛ ➛ Tagesplanung

Wichtig vor dringend in Bezug auf den unternehmerischen Erfolg. Sie könnten sich auch die Frage stellen: Ist das wirklich wichtig in Bezug auf meinen Erfolg?: So navigieren Sie Ihr *Unternehmen Freiheit* perfekt!

1. Zentral wichtig, sehr dringend:
➛ Zentrale Kernaufgaben sofort und selbst erledigen
2. Dringend, weniger wichtig:
➛ Sofort an Partner delegieren oder zweite Priorität für sich selbst
3. Weniger dringend, aber sehr wichtig:
➛ Sofort für sich selbst terminisieren und priorisieren
4. Weder dingend, noch wichtig:
➛ Weg damit! Sofort!

7 Qualitativ wachsen

Wie Ihr Unternehmen Freiheit sicher wächst und worauf es dabei ankommt

Sicheres Wachstum. Davon träumen gerade in Krisenzeiten viele Unternehmen. Dass es ohne Wachstum nicht geht, steht außer Frage. Die entscheidende Frage für EPU ist allerdings die Wachstumsphilosophie. Denn während große Unternehmen mit standardisierten Produkten oder Dienstleistungen die Chance haben, in kurzer Zeit stark zu wachsen und Marktanteile zu erringen, stellt sich für EPU-Unternehmen die Situation anders dar.

Quantität ist aufgrund der Betriebsgröße nicht das Thema. Dafür aber Qualität. Qualitatives Wachstum, das bedeutet qualitativ hochwertige Produkte und Dienstleistungen mit nachhaltigem unternehmerischem Erfolg statt kurzlebiger Billigware und kurzlebige Verkaufserfolge. Anders formuliert: Für EPU-Helden geht es darum, nach ihrem Einzug in die Heldensphäre weitere Heldentaten zu vollbringen – und mit jeder weiteren Tat noch stärker zu werden. Vom Herunterbeten seiner bisherigen Heldentaten kann man auf Dauer nämlich nicht leben.

Das qualitative, stetige – und nicht zu schnelle – Wachstum von EPU ist meiner Erfahrung nach auf das Engste mit Ihrer

Kundenorientierung verbunden. Qualitativ wachsen kann man nur am und mit dem Kunden. Nur wenn der Kunde absolut im Mittelpunkt Ihrer Aufmerksamkeit steht, sind Innovationen und Produktentwicklungen möglich.
Auf den Punkt gebracht: Entwickeln Sie besondere Fähigkeiten, die Bedürfnisse des Kunden zu finden – und darin, die Erwartungen der Kunden zu steigern. Ihre Messlatte für die Kundenzufriedenheit ist nicht, die bestehenden Erwartungen zu erfüllen, sondern überdurchschnittliche Erwartungen zu kreieren und diese auch zu erfüllen. Fragen Sie Ihre Kunden: Was haben Sie von einem Anbieter noch nie bekommen? Was würde Sie überraschen – und was würde Sie begeistern? Das führt zu höheren Ansprüchen – und verschafft Ihnen mehr Aufmerksamkeit beim Kunden.

Mut zum Anspruch

Als EPU haben Sie, wie bereits ausgeführt, keine eigene Forschungsabteilung. Sie haben keine Innovationsspezialisten. Sie haben keine internen Qualitätssicherungsexperten. Sie haben nur eine Chance: Mit den Ansprüchen der Kunden zu wachsen. Darin besteht die qualitative Wachstumsstrategie für EPU. Die eigenen Dienstleistungen, Methoden und Produkte an den Bedürfnissen der Kunden weiterzuentwickeln eröffnet vollkommen neue Wachstumsperspektiven. Das wiederum erfordert eine entsprechende Akquisitionsstrategie: Wer qualitativ wachsen will, der muss sich auf anspruchsvollere Projekte und Kunden konzentrieren. Wer nur das bisher Erprobte unternehmerisch umsetzen will, der hat nur die Perspektive, durch Standardisierung und Zeiteinsparung mehr Umsatz zu generieren. Mit qualitativem Wachstum und deutlich höherer Wertschöpfung hat das aber nichts zu tun – es ist bloß *more of the same*.

Qualitativ wachstumsorientierte Unternehmen zeichnen sich durch den Mut aus, sich neuen Aufgaben zu stellen und diese einer auf die Bedürfnisse des Kunden maßgeschneiderten Lösung zuzuführen.

Was das in der Praxis heißt, ist ganz einfach zu beantworten. Sie müssen sich immer leicht überfordern. Es geht um jene Aufträge, bei denen es Ihnen dann doch im Bauch kribbelt. Weil Sie so etwas noch nie gemacht haben. Weil neue Ansprüche an Sie gestellt werden. Weil Sie sich nicht ganz sicher sind, ob Sie die Aufgabenstellung wirklich allein lösen können. Es geht um jene Aufträge, die auf den ersten Blick ein bisschen zu groß, zu komplex und zu fordernd aussehen. Aufträge, welche die eigene Methodik und Herangehensweise fordern wie fördern.

Mit der Bewältigung solcher Aufträge können Sie wirklich qualitiativ wachsen, Ihre Methoden weiterentwickeln und Wertschöpfung in ganz anderen Kategorien als bisher generieren. Das steigert natürlich auch Ihre *intrinsische Motivation*. Wo die Anforderungen leicht über den Fähigkeiten liegen, wachsen Ressourcen und Erfolge. Der wichtigste Sparring- und qualitative Wachstumspartner für EPU ist der Kunde.

Wenn Sie mit den Anforderungen des Kunden wachsen, müssen Sie sich auch um das Thema Empfehlungsmarketing keine Sorgen mehr machen. Ihr Weg ins Premium-Segement ist vor-

programmiert. Sie sind als Experte, der genau auf die Anforderungen der Kunden eingeht und komplexe Herausforderungen löst, bestens positioniert. Sind Sie so mit mir zufrieden, dass Sie mich weiterempfehlen würden? Das ist die entscheidende Messlatte. Richten Sie diese Frage an Ihren Kunden – und signalisieren Sie damit, dass Sie seine Erwartungen übertreffen wollen. Und signalisieren Sie Ihrem Kunden, dass er Sie auch ruhig empfehlen soll.
Das nachstehende Modell visualisiert Ihren Wachstumsturbo. Ihr Wachstum muss auf einem stabilen Fundament stehen. Es geht nicht um kurzfristigen, sondern um langfristigen, nachhaltigen Erfolg.

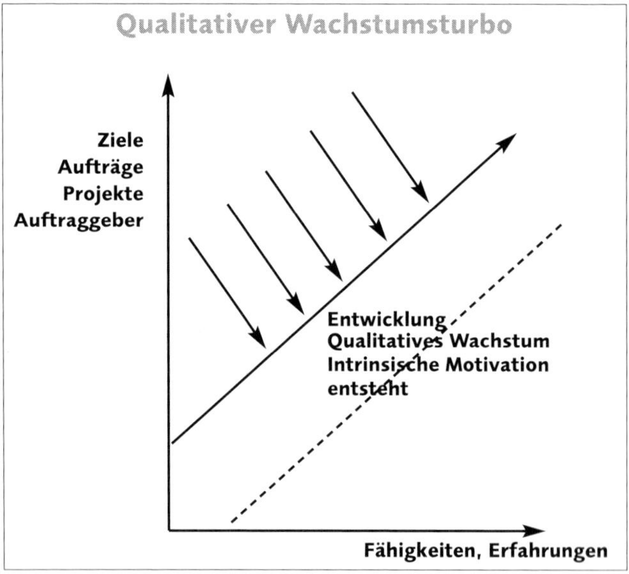

Vorsicht, Spezialisierungsfalle!

Viele EPU glauben, ihr qualitativer Wachstumspfad sei am besten dadurch gesichert, dass sie sich inhaltlich spezialisieren. Auf ganz bestimmte Produkte und Dienstleistungen. Ich meine: Das ist nicht der beste Weg zu qualitativem Wachstum. Wer sich zu stark spezialisiert, der zementiert dadurch auch seinen unternehmerischen Aktionsradius ein. Als EPU lebt man besonders von Flexibilität und Dynamik. Eine besonders starke Spezialisierung kann den unternehmerischen Tunnelblick fördern und strategisch in eine Sackgasse münden. Was tun, wenn die eigene Spezialisierung durch neue Produkte oder Dienstleistungen von heute auf morgen hinfällig wird? Was tun, wenn man von der Konkurrenz in einen ruinösen Preiswettbewerb verstrickt wird? Man muss sich auch als EPU die Spielfelder offenhalten. Gerade, wenn man qualitativ wachsen will, ist Offenheit und Weiterentwicklung angesagt. Wichtig: Seien Sie vorsichtig, wenn ein großer Kunde die volle Aufmerksamkeit von Ihnen erfordern würde, die Sie Ihren anderen Kunden dann nicht mehr zuteil werden lassen können. Auch das ist eine Form der Spezialisierungsfalle, in die Sie nicht tappen sollten. Eine potenzielle Gefahr für das *Unternehmen Freiheit* sehe ich auch darin, dass es durch den Umstand, weniger Austauschmöglichkeiten zu haben, zu sehr in seinem eigenen Business, in der eigenen Welt bleibt. Daher ist es wichtig, den größeren Horizont in das Unternehmen herein zu holen. Lesen Sie wöchentlich eine Zeitung internationalen Formats, informieren Sie sich, was sich im wirtschaftlichen und politischen Umfeld ereignet, was gerade Trend ist, welche Themen und Trends diskutiert werden und welche Konsequenzen das für Ihr Unternehmen und Ihre Strategie haben kann. Hier meine ich nicht die tagespolitischen Aussagen von vielen Politikern, an die sich Letztere schon übermorgen selbst nicht erinnern können. Es geht um das Erfassen der größeren Zusammenhänge. Ich halte das aus meiner eigenen Erfahrung für sehr wichtig und auch inspirierend. Durchlüften Sie Ihr Unternehmen, schauen Sie beim Fenster raus, schmoren Sie nicht nur im eigenen Saft!

Weiterbildung richtig wählen

Ein wichtiges Thema im Zusammenhang mit Wachstumsstrategien ist Weiterbildung. Während viele EPU auf der einen Seite das Thema Weiterbildung ganz außer Acht lassen, gibt es andere, die sich quer durch den Gemüsegarten weiterbilden. Frei nach der Devise: Lernen kann man immer was!
Auch hier gilt die Devise: Weniger, aber Besseres ist mehr. Als EPU sollte man seine Weiterbildungsaktivitäten sehr selektiv und spezifisch gestalten. Die entscheidende Messlatte ist der unmittelbare Nutzen für das EPU. Es ist nicht notwendig, dass man als EPU einen MBA-Titel vorweisen kann. Es ist auch nicht notwendig, durchschnittliche und qualitativ problematische Weiterbildungsangebote zu konsumieren. Und es ist sicher nicht hilfreich, Allerwelts-Seminare zum Thema Führung oder Management zu absolvieren. Es gibt viel zu viele schlechte Weiterbildungsangebote, die bloß Zeit und Geld rauben.
Deshalb: Wenn Sie Ihren Aktionsradius für qualitiatives

Wachstum durch Weiterbildung gezielt erweitern wollen, dann wählen Sie genau und kritisch nur jene Angebote aus, die Ihren Wachstumsprozess auch wirklich unterstützen. Alles andere sollten Sie sich nicht leisten.
Und klar muss auch eines sein: „Gekauft" wird man von Kunden nicht dafür, was man gelernt hat, sondern dafür, was man bewirkt hat. Es interessiert Unternehmen als Arbeitgeber, welche Diplome und Zertifikate ihre Mitarbeiter haben. Aber es interessiert Unternehmen als Auftraggeber, was ein EPU für sie bewirken und verbessern kann. Es ist nicht das theoretische Wissen, das ihren Marktwert bestimmt.

Wachstumsschritte feiern

Wer qualitatives Wachstum anstrebt, der muss das auch in der inneren Logik seines EPU verankern. Ich habe schon oft Einladungen von EPU bekommen, die ihr ein-, zwei- oder fünfjähriges Unternehmensjubiläum feiern. Die Botschaft ist verständlich, aber nicht überzeugend: Seht her, ich lebe immer noch! Wesentlich sinnvoller erscheint es mir, mit seinem EPU, seinen Kunden und Partnern qualitative Wachstumsschritte zu feiern. Etwa die Akquisition eines großen Auftrages. Oder die Etablierung einer neuen Methodik. Das dokumentiert Wachstumsorientierung auch nach außen – und das ist ein wichtiges Signal für Kunden.
Wer seine qualitative Wachstumsorientierung und seine damit verbundenen Erfolge deutlich macht, gewinnt für Kunden an Attraktivität. Der zeigt, dass er wieder ein Stück besser und

überzeugender geworden ist. In diesem Sinn sollten Sie Ihren qualitativen Wachstumskurs dadurch deutlich machen, dass sie Wachstumsschritte selbstbewusst feiern und darstellen.

Communities und Wachstum

Ein wichtiges qualitatives Wachstumsthema ist der Umgang mit *Communities*. Sind die Branchenpartner wichtig für das eigene qualitative Wachstum? Meine Antwort lautet: Ja und Nein.

Erstens ist der Austausch von Informationen mit Branchenpartnern wichtig für die Marktbeobachtung. Gibt es auf dem Markt Trends, die sich abzeichnen, von denen andere Branchenkollegen schon gehört haben oder betroffen sind? Was bedeutet das für das eigene EPU? Daher: Wer seine Branchenkollegen als Informationspartner sieht und nützt, kann auf diese Weise durchaus wertvolle Informationen für den eigenen qualitativen Wachstumskurs erhalten.

Zweitens sind Branchenkollegen potenziell wichtige Partner, um als EPU große oder komplexe Aufträge an Land ziehen zu können. Wer sich als EPU bei Ausschreibungen zusammentut, wer klug kooperiert, wer strategische Partnerschaften eingeht, eröffnet sich dadurch interessante neue Wachstumsperspektiven. Man kommt mit Partnern zu Aufträgen, die man wahrscheinlich allein nicht bekommen würde. Dazu muss man Ja sagen. Daher ist es wichtig, sich ein starkes, verlässliches Netz an Partnern aufzubauen. Partner, welche die eigenen Leistungen komplementär ergänzen oder erweitern. Nicht die Quantität, sondern die Qualität ist bei den strategischen Wachstumspartnern entscheidend.

Drittens kann die eigene Branchencommunity aber auch ein Hemmschuh für den eigenen Wachstumskurs sein. Dann nämlich, wenn man nur im eigenen Branchensaft schwimmt, statt sich in der Kunden-*Community* zu bewegen. Dazu kommt, dass der zu intensive Kontakt mit Branchenkollegen ein Phänomen fördert, das mit dem Begriff „Suderei" treffend umschrieben ist. Man klagt sich gegenseitig Leid, entwickelt aber keine Zukunftsperspektiven. Und in wirtschaftlich schwierigen Zeiten wächst natürlich auch der Konkurrenzdruck. Wer gestern noch der beste Partner war, kann morgen schon der härteste Konkurrent sein. Daher: Nein zu allzuviel Branchen-*Community*.

Die entscheidende Wachstums-*Community* für EPU ist die Kunden-*Community*. Viel interessanter als Branchentreffs sind aus meiner Sicht Plattformen, die EPU und große Unternehmen zusammenbringen. Gerade in Krisenzeiten überlegen es sich große Unternehmen gut, ob sie für bestimmte Dienstleistungen weiterhin Premium-Preise bei anderen größeren Unternehmen zahlen sollen – oder ob die gleiche Leistung nicht von einem EPU individueller und günstiger erbracht wird. Darin liegt die große Chance für künftige *Business-Communities*.

Wer über die Branchengrenzen hinaus denkt und operiert, ist näher am Kunden und stärker am Wachstum dran. Daher ist die Devise klar: Raus aus dem eigenen Saft – rein in die Kunden-*Communities!*

Die Methode zählt!

Was ist der Zielzustand, den ein Kunde erreichen will? Was erwartet der Kunde von einer außerordentlich guten Leistung? Woran werden wir den Erfolg unserer Zusammenarbeit gemeinsam messen? Das alles sind entscheidende Fragen. Sie verweisen auf die Bedeutung Ihrer methodischen Kompetenz.
Die Schlüsselstrategie für nachhaltiges Wachstum liegt meiner Erfahrung nach in der methodischen Kompetenz. Es kommt weniger auf das „Was“ an, es kommt auf das „Wie“ an. Wie lösen Sie die Probleme Ihrer Kunden? Was ist Ihre Methode? Wodurch ist Ihre Herangehensweise gekennzeichnet? Das ist der entscheidende Punkt für qualitatives Wachstum.
Deshalb ist es wichtig, dass Sie Ihre Methode laufend weiterentwickeln und dass Sie Ihre methodische Kompetenz und das, was Sie damit bewirken, vor den Vorhang stellen. Ich habe diese Erfahrung als Trainer vielfach gemacht: Es geht weniger um thematische als um methodische Kompetenz. Es geht nicht darum, dem Kunden Themen und Inhalte zu oktroyieren, es geht darum, Potenziale zu entwickeln, Abstraktes zu konkretisieren. Es ist die Methode der eigenen Dienstleistung oder des eigenen Produktes, die etwas bewirkt.
Wer an seiner methodischen Kompetenz arbeitet, der ist am richtigen Weg zum Service-, Qualitäts- und Kostenführer. Der reine Produktfokus ist für qualitatives Wachstum nicht ausreichend. Produkte können sich ändern und weiterentwickeln. Aber als EPU muss man unabhängig vom konkreten Produkt überzeugend positioniert und unverwechselbar sein.

Und diese für qualitatives Wachstum wichtige Positionierung erreicht man nur dann, wenn man mit einer bestimmten, unverwechselbaren Methode in Verbindung gebracht wird. Der große Vorteil als EPU: Man kann seine methodische Kompetenz auch sofort deutlich machen und umsetzen. Indem man zum Beispiel bei Akquisitionsgesprächen dem Kunden die richtigen Fragen stellt. Damit wird man schneller zur Marke und verdeutlicht besser die eigene Methodik als der schönste Werbeprospekt. Das ermöglicht Erfolg und qualitatives Wachstum.

Service

Test: Sind Sie auf qualitativem Wachstumskurs?

Der nachfolgende Test hilft Ihnen zu klären, ob Ihr EPU auf qualitativem Wachstumskurs ist.

---

1. Wenn Sie das vergangene Jahr mit dem vorhergehenden vergleichen: Würden Sie sagen, dass Sie größere Herausforderungen erfolgreich bewältigt haben als im Vorjahr?

A: Ja
B: Nein

2. Haben Sie im vergangenen Jahr mehr als 50 Prozent Neukunden gewonnen?

A: Ja
B: Nein

3. Gibt es für Sie immer wieder Aufträge, bei welchen Sie sich nicht ganz sicher sind, ob Sie diese aufgrund Ihrer Dimension oder Komplexität erfolgreich bewältigen können?

A: Ja
B: Nein

---

4. Können Sie bei Neukunden gut damit punkten, dass Sie in letzter Zeit interessante Aufträge erledigt haben?

A: Ja

B: Nein

5. Greifen Sie öfters auf Zulieferer wie beispielsweise andere EPU zurück, um größere Aufträge erfolgreich abwickeln zu können?

A: Ja

B: Nein

Auflösung:

Fünfmal **A:** Sie befinden sich auf qualitativem Wachstumskurs – weiter so!

Weniger als viermal **A:** Sie müssen Ihre Anstrengungen für qualitatives Wachstum gezielt verstärken.

Identifizieren Sie Ihr qualitatives Wachstumsprofil!

Mit der unten stehenden Grafik haben Sie die Möglichkeit, Ihr qualitatives Wachstumsprofil klar zu visualisieren. Die y-Achse markiert die Anforderungen, die Kunden in Projekten an Sie stellen. Die x-Achse markiert Ihre Fähigkeiten als EPU. Tragen Sie bitte Ihre letzten zehn Projekte im Diagramm ein – je nachdem, wie hoch die Anforderungen waren und wie die Anforderungen in Relation zu Ihren Fähigkeiten standen.

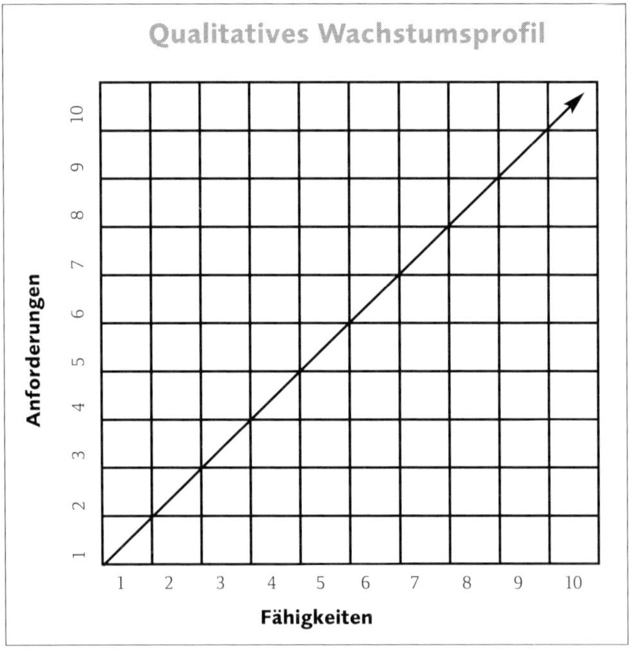

Nun können Sie ablesen, wie es um Ihr qualitatives Wachstumsprofil bestellt ist:
Liegen die zehn Punkte für die zehn letzten Projekte mehrheitlich oberhalb der Wachstumslinie, sind Sie auf qualitativem Wachstumskurs unterwegs. Der Grund: Qualitatives Wachstum lässt sich daran messen, dass gestellte Anforderungen über den eigenen Fähigkeiten liegen. Gelingt es trotzdem, die Projekte erfolgreich abzuwickeln, bedeutet dies einen qualitiativen Wachstumsprozess für Ihr EPU.
Liegen die Punkte mehrheitlich darunter, dann lässt sich daraus ablesen, dass Ihre EPU-*Performance* nur *more of the same* bedeutet. Sie werden in der Erbringung Ihrer Dienstleistungen oder Produkte möglicherweise schneller wachsen, aber nicht qualitativ. Damit könnten Sie für die Konkurrenz ein leichtes Spiel sein und aus dem Markt verdrängt werden.
Nutzen Sie das Diagramm in regelmäßigen Abständen, um Ihre Wachstumsorientierung auf den Punkt zu bringen und zu messen, ob Sie auf qualitiativem Erfolgskurs sind.

8 Unternehmen Freiheit leben

Wie Sie Ihre eigene EPU-Erfolgsgeschichte schreiben

Sich zurücklehnen und nur seine Erfolge genießen wollen – das sollten Sie als EPU natürlich nie tun. Das Unternehmerleben ist ein Auf und Ab. In wirtschaftlich schwierigen Zeiten merkt man das umso stärker.
Trotzdem kommt man auch als Ein-Personen-Unternehmen in eine Entwicklungsphase, wo klar ist: Das EPU läuft. Es bewegt sich in die richtige Richtung. Man hat sich jenem Zustand genähert, den man bei der Gründung eigentlich im Visier hatte. Woran merkt man das? Nicht nur an der finanziellen Seite der Unternehmung, sondern auch am wahrgenommenen Selbst-Status, an der gespürten Lebensqualität, an der Begeisterung über das, was man als EPU tut.

Paradies gefunden?

Sie haben – ganz im Gegensatz zum Angestelltendasein – das Gefühl der Selbstbestimmung über die eigene Zeit. Als Unternehmer wird man nicht getrieben, man gestaltet seine Zeit selbst und aktiv. Sollten Sie als EPU allerdings das Gefühl

verspüren, nach wie vor ein Getriebener zu sein, dann haben Sie den Sprung von der Selbständigkeit ins Unternehmertum noch nicht geschafft. Wenn Sie Ihre Kunden bloß als Chefs wahrnehmen, die Sie vor sich her treiben, dann sind Sie einfach (noch) kein Unternehmer – und Sie können sich über die unternehmerische Selbstbestimmung nicht freuen.
Sie haben – ebenfalls im Gegensatz zum Angestelltendasein – Selbstbestimmung hinsichtlich des Einsatzes, den Sie liefern. Es sind nicht Vorgesetzte und hierarchische Strukturen, die den eigenen Einsatz und die eigene Leistung determinieren. Sie sind aktiv und Sie entscheiden, was Sie mit welchem Einsatz tun. Und Sie genießen direkt den erzielten Erfolg.
Sie spüren als Ein-Personen-Unternehmen nämlich die direkte Relation zwischen Input und Output. Sie genießen das Gefühl, mit der eigenen Tätigkeit etwas zu bewegen. Während die eigene Leistung als Angestellter eines Unternehmens anonym verpufft. Als EPU sind Sie im direkten Kundenkontakt, können direkt Einfluss nehmen und wirklich zufrieden sein, wenn sich die Dinge in die richtige Richtung bewegt haben.
Sie können aber auch das private Leben anders und besser gestalten. Es gibt keine Kernarbeitszeit, zu der man zur Anwesenheit im Büro verdammt ist. Man muss nicht wochenlang vorher seine Urlaubsmeldung abgeben. Man kann selbst entscheiden, wann man wo ist. Diese Flexibilität zu leben und zu nutzen, ist für das Privatleben bereichernd. Als Unternehmer führen Sie im Gegensatz zum Angestelltendasein ein entregeltes Leben. Mehr Selbstbestimmung, mehr eigenverantwortete Gestaltung und damit auch mehr Lebenszufriedenheit sind die

damit verbundenen Perspektiven. Natürlich muss man diese Gestaltungschancen auch aktiv nutzen, sonst wird man auch im Privatleben weiterhin Getriebener sein.
Wenn Sie derartige Situationen als EPU erleben, dann war Ihre Heldenreise erfolgreich. Wenn Sie nicht darüber reden, dass Sie arbeiten „müssen", sondern dass sie arbeiten „wollen." Das *Unternehmen Freiheit* ist Wirklichkeit. Sie sind ein echter Unternehmer, Sie gestalten Ihr Berufsleben selbst, Sie setzen die Prioritäten, die Sie für richtig halten. Und nichts anderes. Jetzt sind Sie der Antreiber und nicht mehr der Getriebene. Sie genießen den Spaß und die Leidenschaft, eigene Stärken auszuleben und zu realisieren.
Wichtig ist nun, dass Sie die Stationen Ihrer Heldenreise internalisiert haben. Dass Sie stets im Kopf behalten, worauf Ihr bisheriger Erfolg fußt – und was damit auch Ihren künftigen Erfolg ausmacht. Deshalb: Lassen wir die Stationen der EPU-Heldenreise zum *Unternehmen Freiheit* noch einmal kurz Revue passieren und beziehen wir uns auf Ihre aktuelle Situation.

1. Erfolgreicher mentaler Start

Sie haben Ihren Entschluss zum *Unternehmen Freiheit* gefasst, sich selbständig zu machen und ein EPU zu gründen. Weil Sie als Angestellter eigentlich nur ein „gefesseltes" Ein-Personen-Unternehmen waren. Mit dem mentalen Akt der „Entfesselung" haben Sie Ihre Erfolgsgeschichte gestartet. Auf der wirtschaftlichen wie auf der persönlichen Ebene. Sie haben mit dem mentalen Schritt von der Unselbständigkeit zum Ein-

Personen-Unternehmen für sich ein Lebens- und Berufskonzept eröffnet, in dem vereint ist, was zusammengehört: Motivation, die „von innen" kommt; Wertschätzung, die spürbar ist; Tätigkeit, die unverwechselbar macht; Kundenorientierung, die befriedigt. Sie haben sich mit dem mentalen Schritt in die Selbständigkeit dazu entschlossen, das unternehmerische Leben in all seinen spannenden Facetten zu leben. Hinter dem mentalen Schritt Richtung EPU steht Ihre klare Vorstellung davon, was sie beruflich machen wollen. Das Ein-Personen-Unternehmen ist eine selbstbestimmte Plattform zur Verwirklichung beruflicher Ideen. Es geht um den Spaß und um die Leidenschaft, eigene Stärken auszuleben und zu realisieren. Dieser *Spirit* sollte Sie auch heute noch vorantreiben. Es gibt keine motivierendere Kraft für unternehmerischen Erfolg.

2. Erfolgreiche Überwindung der Schwellenhüter

Bei der Verwirklichung Ihrer Ziele waren Sie allerdings mit zahlreichen Schwellenhütern konfrontiert. Schwellenhüter in Form eigener Einstellungen und auch in Form anderer gutmeinender Menschen. Die Liste der Bedenken, mit denen man am Weg in die Selbständigkeit kontrontiert wird, ist lang. Sicherheitsdenken, Unterlasser-Mentalität, persönliche Schwächen – all das ist Ihrer EPU-Gründung im Weg gestanden. Sie haben diese Schwellenhüter aber nicht einfach beiseite geräumt, sondern Sie haben sich intensiv mit ihnen beschäftigt. Damit ist es Ihnen gelungen, virtuelle Schwellenhüter von realen Problemen zu unterscheiden. Schwellenhüter waren für Ihre EPU-Heldenreise alles andere als nutzlos: Sie sind eine wichtige Ressource, um Vorhaben einer kritischen Prüfung zu unterziehen. Schwellenhüter gibt es für Sie nach wie vor. Etwa, wenn es um neue Projekte oder um eine Ausweitung Ihrer Geschäftstätigkeit geht. Profitieren Sie daher weiterhin vom kritischen Potenzial der Schwellenhüter – und nützen Sie es für Ihr *Unternehmen Freiheit*.

3. Erfolgreiche Erweiterung der eigenen Identität

Der alles entscheidende Knackpunkt Ihrer Laufbahn ist, dass Sie die Identitätsentwicklung vom Angestellten beziehungsweise vom Selbständigen, der nur selbst ständig arbeitet, zum echten Unternehmer geschafft haben. Wer ein echtes Ein-Personen-Unternehmen sein will, der muss seine Identität um eine neue, unternehmerische Identität erweitern. Das ist eine mentale Herausforderung, die vor allem eines erfordert: umdenken, neu denken, eine neue Haltung in Bezug auf seinen Beruf und seine eigene Persönlichkeit einnehmen.
Als Ein-Personen-Unternehmen haben Sie sich aus dem unselbständigen Schneckenhaus heraus bewegt. Vor, in die erste Reihe. Als Ein-Personen-Unternehmen dreht sich alles um Ihre Persönlichkeit. Was Sie gut machen, was Sie schlecht machen – alles wird Ihnen persönlich angerechnet. Das wissen Sie – und das schätzen Sie. Das ist das entscheidende Momentum in jeder EPU-Karriere: Stellen Sie sich auch mental aufs Podium!

Mit all Ihrem Know-how, mit all Ihrer persönlichen Integrität. Das ist eine große Herausforderung – und ein großartiges Gefühl! Das ist das Unternehmer-Gefühl. Wenn Sie diesen Identitätserweiterungsprozess erfolgreich bewältigt haben, dann haben Sie es geschafft. Sie spielen mit in der freien Unternehmer-Liga. Ihre Kunden spüren Ihre Persönlichkeit – und kaufen Ihre Persönlichkeit!

4. Erfolgreiche erste Heldentat

Nicht nur mental, sondern auch ökonomisch stehen Sie als EPU auf der Siegerseite, wenn Sie Ihre erste große Heldentat absolviert haben. Die Bedeutung des ersten großen Auftrags in der Karriere eines EPU kann gar nicht hoch genug eingeschätzt werden. Damit haben Sie als EPU erstmals gezeigt, was Sie alles können und wozu Sie in der Lage sind. Denn der entscheidende Punkt ist: Bei großen oder schwierigen Aufträgen großer Unternehmen konkurriert man in der Regel mit Unternehmen, die deutlich größer sind als man selbst. Wenn es Ihnen zum ersten Mal gelungen ist, einen großen Mitbewerber aus dem Rennen zu werfen, dann ist das ein eindrucksvoller Beweis für die eigene unternehmerische Fähigkeit und Kompetenz. Mit Ihrer ersten Heldentat haben Sie unter Beweis gestellt, dass es keinen Grund gibt, sich vor großen Mitbewerbern zu fürchten. Mit dem besseren und kundennäheren Konzept und mit leichter Selbstüberforderung setzt man sich durch. Als EPU ist man genauso ein *Player* auf dem Markt wie große Unternehmen. Und man kann daher auch in der gleichen Liga spielen. Mit dem ersten Großkunden signalisiert man anderen Großkunden die Sicherheit, bei einem EPU an der richtigen Stelle zu sein. Das ist wichtig für alle Folgeaufträge. Denn ob ein Großkunde als Referenz auf der eigenen Homepage steht oder nicht, das ist ein ganz entscheidender Unterschied für ein EPU. Ihre erste Heldentat hat Ihnen auch wirtschaftlich ein weites Spielfeld eröffnet. Nützen Sie es!

5. Erfolgreiche Bewältigung von Rückschlägen

Ganz entscheidend für Ihre starke Unternehmeridentität ist der Umgang mit Rückschlägen. Nicht wenige EPU erholen sich von ihrem ersten Rückschlag nicht oder nur schwer. Das aber hat Konsequenzen für die weitere Geschäftstätigkeit: Wer monatelang an Rückschlägen knabbert, der verliert dadurch wertvolle Zeit. Gegen Rückschläge aller Art können Sie sich als EPU materiell nicht versichern – aber mental. Anders formuliert: Die Phase von der EPU-Gründung bis inklusive zum ersten Rückschlag ist Ihre Probezeit als Ein-Personen-Unternehmen. An Ihrem Umgang mit dem Rückschlag bemisst sich, ob Sie den Sprung vom Angestellten wirklich geschafft haben – oder nicht. Wenn Sie zurück in die Unselbständigkeit wollen, dann sollten Sie sich eingestehen, dass Sie keine Unternehmerpersönlichkeit sind. Und: Das ist auch vollkommen okay. Es gibt auch viele Menschen, für die die Vorteile des Angestelltendaseins absolut überwiegen. Haben Sie hingegen den ersten Rückschlag offensiv angenommen und werfen Sie sich erst recht ins Zeug, sind Sie als Ein-Personen-Unternehmen an der richtigen Stelle. Sie nützen die Erfahrungen des Rückschlags für die Vorbereitung der nächsten Heldentaten. Wenn Sie den ersten Rückschlag in diesem Sinn bewältigt haben, haben Sie damit unter Beweis gestellt: Sie sind Ihr eigenes EPU-Kraftwerk. Das gibt Ihnen die Sicherheit, als Unternehmerpersönlichkeit auch mit künftigen Rückschlägen zukunftsorientiert umgehen zu können und den Erfolg Ihres *Unternehmens Freiheit* zu sichern.

6. Erfolgreiches Wahrnehmen von Führungsverantwortung

Ganz entscheidend für den Erfolg Ihres EPU ist es, dass Sie verstanden haben, dass sich Ihr EPU nicht von selbst führt. *Sie* müssen es führen. Die meisten EPU vernachlässigen das Thema Führung sträflich. Dahinter steht noch immer die Auffassung, dass Führung etwas für Unternehmen mit Mitarbeiterinnen und Mitarbeitern ist. Führung hat aber in Wirklichkeit mit der Zahl an Mitarbeiterinnen und Mitarbeitern gar nichts zu tun. Sie haben es verstanden: Ein Ein-Personen-Unternehmen muss man nicht am wenigsten, sondern am meisten führen. Führung heißt für Sie andere Menschen motivieren und überzeugen können. Führung heißt für Sie Stärken richtig einsetzen können. Führung heißt für Sie Lösungsbeiträge kommunizieren und Identifikation ermöglichen.
Deshalb führen Sie Kunden, Lieferanten, Partner und natürlich auch sich selbst als EPU und setzen dabei die richtigen Strategien und Instrumente ein.

7. Erfolgreiches qualitatives Wachstum

Mit der richtigen Unternehmeridentität, der Strahlkraft von Heldentaten, der intelligenten Bewältigung von Rückschlägen und dem erfolgreichen Führen des EPU haben Sie die Grundlage für die weitere Entwicklung Ihres Unternehmens geschaffen: für qualitatives Wachstum. Als EPU wissen Sie: Ihr qualitatives Wachstum ist auf das Engste mit ihrer Kundenorientierung verbunden. Qualitativ wachsen kann man nur am und mit dem Kunden. Daher arbeiten Sie vor allem an Ihrer methodischen Kompetenz, um in Ihrem Bereich Service-, Qualitäts- und Kostenführer zu werden. Sie wissen: Der reine Produktfokus ist für qualitatives Wachstum nicht ausreichend. Es ist Ihre Methodik, die Art, wie Sie Probleme lösen, die Sie überzeugend positioniert und unverwechselbar macht. Es ist Ihre Persönlichkeit und Strahlkraft, die Ihr *Unternehmen Freiheit* unverwechselbar macht – und damit höchst anziehend wird.

Ihr Resumee

Mit dem richtigen *Mindset* und dessen richtiger Umsetzung haben Sie die Grundlage für eine erfolgreiche Karriere als Ein-Personen-Unternehmen. Sie sind nicht ein Selbständiger auf dem Papier. Sie sind ein echter Unternehmer. Mit einem Unternehmen, das Sie klug positionieren, verantwortungsbewusst führen und nah am Kunden weiterentwickeln. So machen Sie das, was Sie begeistert und was Ihnen Spaß macht selbstbestimmt und eigenverantwortlich. So schreiben Sie Ihr eigene

Erfolgsstory. Ich rate Ihnen: Fangen Sie gleich damit an. Beantworten Sie den Fragenkatalog im nachfolgenden Serviceteil und bringen Sie Ihre Erfolgsstory zu Papier. Das stärkt Ihre unternehmerische Identität, erleichtert die Selbstreflexion und Evaluierung Ihrer bisherigen Tätigkeit – und ist Grundstein für weitere Erfolge.

Schreiben Sie Ihre EPU-Erfolgsgeschichte!

Sie sind nicht irgendein Selbständiger, der selbst ständig arbeitet. Sie sind ein Ein-Personen-Unternehmen. Werden Sie sich Ihrer persönlichen EPU-Erfolgsgeschichte bewusst – und schreiben Sie Ihre Erfolgsstory für sich auf. So lassen Sie Ihre bisherige Entwicklung strukturiert Revue passieren und identifizieren die künftigen Herausforderungen für Ihre Zukunft als Unternehmer.

➛ Was war/ist das stärkste Motiv für Ihre EPU-Gründung?

…

➛ Welche fünf Schwellenhüter standen/stehen der Gründung im Weg?

…

➛ Was haben Sie aus der Beschäftigung mit den Schwellenhütern gelernt?

…

➛ Was ist Ihr unternehmerisches Ziel?

…

➛ Wo wollen Sie in fünf Jahren mit Ihrem EPU sein?

…

➛ Was sind Ihre fünf zentralen Kompetenzen?

…

➛ Was ist für Ihr EPU an Kompetenzen wichtig, die Sie selbst nicht haben?

- ➛ Wer sind Ihre verlässlichen Partner und Lieferanten?

  …
- ➛ Worin genau besteht der Nutzen Ihres EPU für Ihre Kunden?

  …
- ➛ Was ist/war Ihre erste große Heldentat als EPU?

  …
- ➛ Welche potenziellen fünf Kunden gibt es für Ihre nächsten Heldentaten?

  …
- ➛ Was tun Sie jede Woche, um Ihre qualitative Entwicklung zu sichern?

  …
- ➛ Woran merken Ihre potenziellen Kunden, dass es Sie gibt?

  …
- ➛ Wie oft kontaktieren Sie Ihre Kunden, um Feedback zu erhalten und Leistungen darzustellen?

  …
- ➛ Was sind Ihre wöchentlichen Vertriebsaktivitäten?

  …
- ➛ Was tun Sie wöchentlich für Ihre persönliche Leistungsfähigkeit?

  …
- ➛ Was tun Sie, um nicht als Privatperson, sondern als Unternehmer wahrgenommen zu werden?

  …
- ➛ Welcher Ihrer Kunden macht andere Unternehmen auf Ihre Leistungen aufmerksam – warum tut er das (nicht)?

- ➛ Welche Insignien werten Ihr EPU nach außen hin auf – von der Visitkarte bis zum Logo?

  …
- ➛ Welche der Tätigkeiten, die Sie vergangene Woche getan haben, werden Sie nächste Woche nicht mehr tun, weil sie nicht effektiv waren?

  …
- ➛ Welche Konsequenz haben Sie aus der ersten großen Niederlage gezogen?

  …
- ➛ Haben Sie das Gefühl, dass Sie die Dinge gestalten – oder sind Sie getrieben?

  …

Wenn Sie viele dieser Fragen positiv beantworten können, dann gratuliere ich Ihnen.

Sie sind dabei:
• Ihr *Unternehmen Freiheit* macht es möglich, dass Sie sich nicht mit Strukturen und Abläufen herumschlagen müssen. Sie genießen das Gefühl, direkt beim Kunden arbeiten zu können und seine Probleme zu lösen. Sie entwickeln Innovationen direkt mit Ihren Kunden. Sie haben die Freiheit, gemeinsam mit Ihren Kunden Neues zu entdecken und aufzubauen.
• Ihr *Unternehmen Freiheit* vermittelt Ihnen tagtäglich ganz konkrete Rückmeldungen über Ihre Arbeit. Sie wissen, wo Sie gut sind. Was Ihre Kunden an Ihnen schätzen, wo Sie Nutzen stiften können.

- Ihr *Unternehmen Freiheit* ermöglicht es Ihnen, Motor zu sein. Sie sind nicht mehr der Getriebene, Sie geben Impulse. Mit Ihrer Motivation wachsen auch die Herausforderungen und Aufträge.
- Ihr *Unternehmen Freiheit* ermöglicht es Ihnen, ein Leben jenseits einer traditionellen *9-to-5*-Woche zu führen. Es ermöglicht Ihnen ein Ausmaß an Selbstbestimmung und persönlicher Freiheit, die mit keiner anderen Form der Berufstätigkeit vergleichbar ist.
- Ihr *Unternehmen Freiheit* ermöglicht es Ihnen, entspannt erfolgreich zu sein. Ihre Motivation für Leistung ist nicht negative Sanktion, sondern innerer Antrieb. Es gibt für Sie nichts Entspannenderes als selbst erarbeiteter Erfolg.
- Ihr *Unternehmen Freiheit* ermöglicht es Ihnen, Chef in eigener Sache zu sein. Dieses Gefühl der weitgehenden Autonomie ist – auch, wenn man es nicht immer nützt und bis an die Grenzen geht – in jeder Hinsicht bereichernd. Für Ihren Beruf, für Ihr Leben.

In diesem Sinn: Willkommen im *Unternehmen Freiheit!*

Anhang

Gründer-Motive auf einen Blick

Warum machen sich immer mehr Österreicherinnen und Österreicher selbständig? Eine empirische Erhebung im Auftrag des Gründer-Service der Wirtschaftskammern Österreichs zeigt, welche Motive für den Gründungsboom verantwortlich sind.

- 66,3 Prozent wollten durch den Schritt in die Selbständigkeit ihr Einkommen steigern. Je jünger die befragten Gründer, desto stärker das Einkommensmotiv. In der Gruppe der bis zu 25-Jährigen liegt der Anteil bei 78 Prozent, bei den bis zu 45-Jährigen bei 68,2 Prozent und bei den über 55-Jährigen bei 55,1 Prozent.
- Zweitwichtigstes Gründungsmotiv ist mit 55,5 Prozent „Ich wollte immer schon selbständig sein".
- „Lieber Chef sein als Chef haben" nennen 53,6 Prozent als ihr Hauptmotiv für die Selbständigkeit. Dieses Motiv geben überproportional viele jüngere Gründer an. In der Gruppe der bis zu 25-Jährigen ist dies für 63 Prozent wichtig, im Vergleich dazu bei den bis zu 45-Jährigen 53,4 Prozent und bei den über 55-Jährigen 41,3 Prozent weit weniger wichtig.
- 53,2 Prozent wollen die Verantwortung, die sie bereits im Unternehmen, für das sie vorher tätig waren, getragen haben, im eigenen Betrieb einbringen.
- Für 51,2 Prozent der Gründer ist es ein Motiv, in ihrer Zeit- und Lebensgestaltung flexibler sein zu wollen.

- Ein Unternehmen zu gründen ist „zeitlos". Für 40,4 Prozent bietet die Selbständigkeit im jeweiligen Alter eine neue Berufsperspektive, unabhängig vom Alter.
- 32 Prozent der Gründer meinen, die Vereinbarkeit von Familie und Beruf sei in der Selbständigkeit leichter umsetzbar. Bei Frauen ist dieses Motiv mit 40,6 Prozent stärker ausgeprägt als bei Männern mit 26,8 Prozent.
- Ganz im Gegensatz zu Behauptungen in der medialen Diskussion fühlen sich nur 7,2 Prozent in die Selbständigkeit gedrängt.
- 62,5 Prozent der Unternehmensgründer kommen aus einem Angestelltenverhältnis in der Privatwirtschaft, 10 Prozent aus einer leitenden Position in der Privatwirtschaft. 3,3 Prozent waren vor dem Schritt in die Selbständigkeit Beamte.

Zahlen & Fakten zu Ein-Personen-Unternehmen in Österreich

Insgesamt 205.276 Unternehmen wurden 2008 in Österreich ohne unselbständig Beschäftigte, das heißt als Ein-Personen-Unternehmen (EPU) geführt. Die meisten EPU sind in den Bundesländern Wien (49.478), Niederösterreich (40.248) und Oberösterreich (31.006) angesiedelt. Der EPU-Anteil innerhalb der einzelnen Sparten: Information und Consulting (61,1 Prozent), Gewerbe und Handwerk (52,3 Prozent), Handel (45,9 Prozent), Industrie (34,6 Prozent), Transport und Verkehr (31,6 Prozent), Tourismus und Freizeitwirtschaft (30,8 Prozent) und Bank und Versicherung (3,7 Prozent). Eine Studie der KMU

Forschung Austria (2007) zeigt: Rund 35 Prozent der EPU wollen wachsen – auch, was die Aufnahme von Mitarbeitern betrifft. 49 Prozent der EPU sind mit der Situation zufrieden und langfristig gewollt als EPU auf dem Markt tätig. Davon wiederum sind 49 Prozent mehr als 10 Jahre als EPU tätig und weitere 22 Prozent zwischen 6 und 10 Jahren.

Sicherheit für EPU

Viele Angestellte haben Vorbehalte gegen das unsichere Unternehmertum. Für Selbständige gibt es allerdings einige neue Sicherheitsnetze.

Arbeitslosenversicherung

Die neue Arbeitslosenversicherung sorgt seit 1. Jänner 2009 für soziale Absicherung. Sie bietet eine Arbeitslosenversicherung ohne Zusatzkosten für alle, die schon einmal unselbständig tätig waren. Wer keine Ansprüche hat, kann sich freiwillig versichern lassen. Bei der Arbeitslosenversicherung für Selbständige gibt es die Wahl zwischen drei fixen monatlichen Beitragsgrundlagen.
Die Beitragsgrundlage beträgt je nach Wahl ein Viertel, die Hälfte oder drei Viertel der Höchstbeitragsgrundlage nach dem GSVG. Der Beitragssatz macht sechs Prozent aus.
epu.wko.at/arbeitslosenversicherung

Freiwillige Zusatzversicherung

Je kleiner das eigene Unternehmen, desto gravierender können Krankheit oder Unfall auch in finanzieller Hinsicht sein. Mit einer freiwilligen Zusatzversicherung kann man diese Lücke schließen.

Als Leistungen erhält man im Fall des Falles Krankengeld (bei Arbeitsunfähigkeit infolge Erkrankung) und Taggeld (bei Spitalsaufenthalt).

wko.at/zusatzversicherung

Beratung für EPU

Die Beratungsleistungen der Gründer-Service-Stellen der Wirtschaftskammer in ganz Österreich umfassen unter anderem rechtliche und betriebswirtschaftliche Beratung (Gewerberecht, Rechtsform, Sozialversicherung, Steuern, Finanzierung, Förderungen, Standort, Betriebsanlagengenehmigung), Konzept-Erstellung und Konzept-Check sowie Neufög-Beratung. Zahlreiche nützliche Online-Tools für Gründer finden sich auf www.gruenderservice.at

Unter epu.wko.at bietet die Wirtschaftskammer ein Portal für Ein-Personen-Unternehmen an. Die Informationen reichen von Förderungen über eine Bürogemeinschaftsbörse bis hin zum „Wiki“ für EPU.

Anmerkungen

[1] Für das vorliegende Buchprojekt wurden in mehreren Fokus-Gruppen Angestellte hinsichtlich ihrer Motivation befragt, sich selbständig zu machen. Zentrale Aussagen werden zur Illustration der erhobenen Motivlagen in anonymisierter Form wiedergegeben.

[2] Metis – Institut für politische und ökonomische Forschung: Image- und Kundenzufriedenheitsanalyse des Gründer-Service der Wirtschaftskammern 2007/2008 (2008)

[3] Metis – Institut für politische und ökonomische Forschung: Image- und Kundenzufriedenheitsanalyse des Gründer-Service der Wirtschaftskammern 2007/2008 (2008)

[4] Wir nennen es Arbeit. Die digitale Bohème oder: Intelligentes Leben jenseits der Festanstellung (Heyne, 2006)

[5] Metis – Institut für politische und ökonomische Forschung: Image- und Kundenzufriedenheitsanalyse des Gründer-Service der Wirtschaftskammern 2007/2008 (2008)

Barack Obama steht für einen Wendepunkt in der Weltpolitik – welche Hoffnungen wurden erfüllt, welche Ängste bleiben bestehen?

Die Autoren beleuchten den langen Weg des neuen Präsidenten ins Weiße Haus. Sie analysieren den spannenden Wahlkampf und die Faktoren, die zum Wahlausgang geführt haben: Die entscheidenden Themen, die Rolle der Spin-Doktoren, die Bedeutung des Geldes und die Auswirkungen des Negativ-Wahlkampfs. Norbert Rief und Thomas Hofer stellen in ihrem Buch alle Faktoren vor, die bis in die Amtszeit des Präsidenten hineinspielen

Norbert Rief · Thomas Hofer

OBAMA

Der schwarze Revolutionär – Zeitenwende für die Weltpolitik?
288 Seiten, 13,5 x 21 cm, Hardcover mit Schutzumschlag
€ 19,95 · ISBN 978-3-85485-231-5

molden